根据教育部《大中小学劳动教育指导纲要（试行）》
四川省重点教学改革项目建设成果

新时代
大学劳动教育

XINSHIDAI DAXUE LAODONG JIAOYU

主编　罗娅君　周志凌　刘祚玉

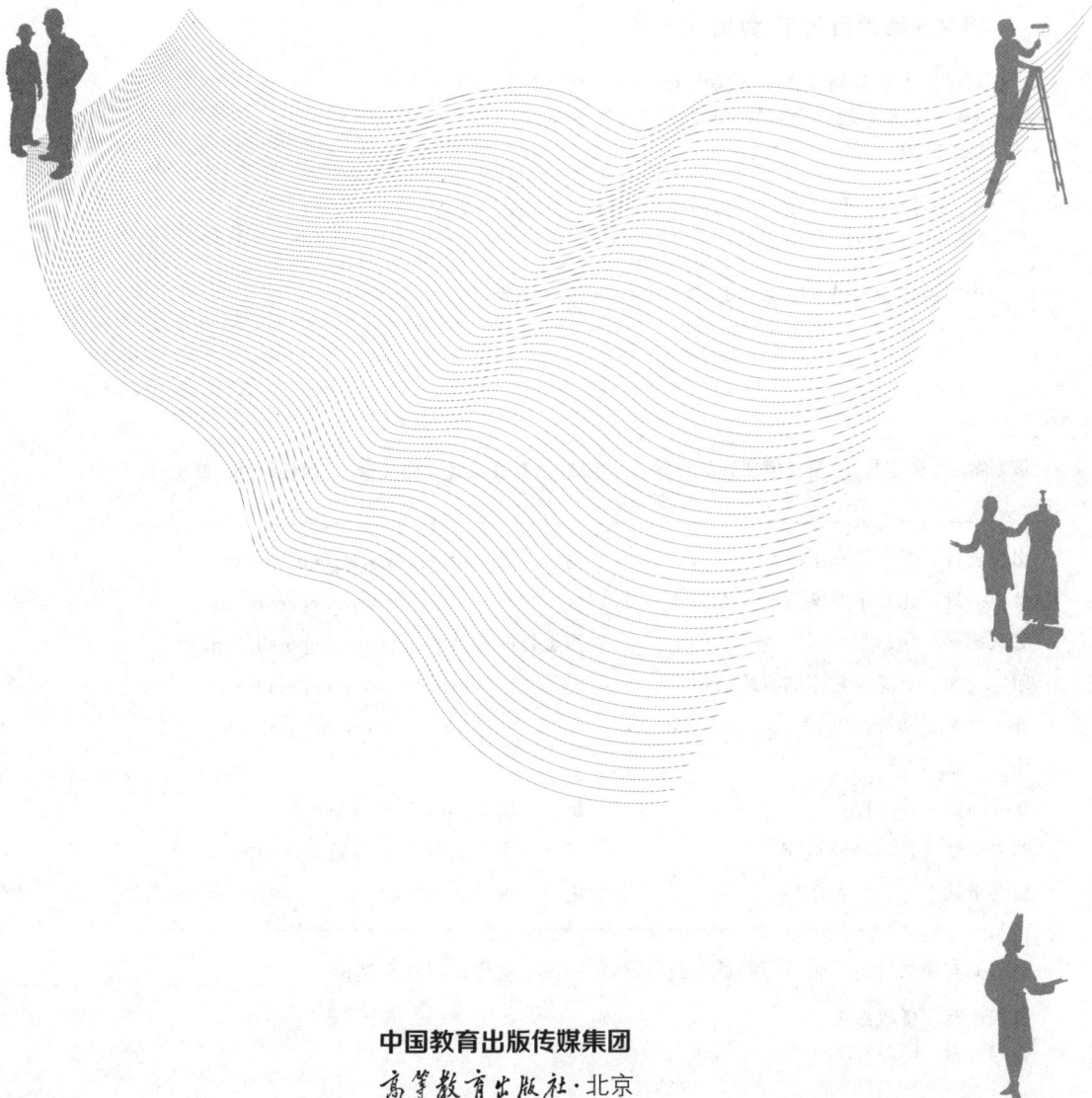

中国教育出版传媒集团

高等教育出版社·北京

内容提要

本书是大学通识教育教材,根据教育部《大中小学劳动教育指导纲要(试行)》编写。

本书分为劳动教育、劳动与劳动观、劳动精神、劳动能力、劳动安全、劳动相关法律法规、劳动实践、劳动教育质量评价八个部分,从劳动教育相关理论、劳动教育素养、劳动教育实践等方面全方位构建了劳动教育课程内容,旨在帮助学生掌握劳动教育的相关理论知识,树立正确的劳动价值观,提高劳动素养和能力。

本书适合作为高等学校及高等职业院校相关课程的教材,也可供有兴趣的社会读者参考阅读。

图书在版编目(CIP)数据

新时代大学劳动教育 / 罗娅君,周志凌,刘祚玉主编. —北京:高等教育出版社,2024.2(2024.8 重印)
ISBN 978 - 7 - 04 - 061319 - 3

Ⅰ.①新… Ⅱ.①罗… ②周… ③刘… Ⅲ.①劳动教育-高等学校-教材 Ⅳ.①G40 - 015

中国国家版本馆 CIP 数据核字(2023)第 217301 号

策划编辑	刘自挥	**责任编辑**	刘自挥	叶也琦	**封面设计**	张文豪	**责任印制**	高忠富

出版发行	高等教育出版社	**网　　址**	http://www.hep.edu.cn
社　　址	北京市西城区德外大街 4 号		http://www.hep.com.cn
邮政编码	100120	**网上订购**	http://www.hepmall.com.cn
印　　刷	上海新艺印刷有限公司		http://www.hepmall.com
开　　本	787mm×1092mm　1/16		http://www.hepmall.cn
印　　张	9.5		
字　　数	181 千字	**版　　次**	2024 年 2 月第 1 版
购书热线	010-58581118	**印　　次**	2024 年 8 月第 2 次印刷
咨询电话	400-810-0598	**定　　价**	22.00 元

本书编委会

前　言

　　劳动教育是构建德智体美劳全面发展教育体系的有机组成部分,是新时代"五育并举""五育融合"的时代要求,是实现立德树人根本任务的重要一环。习近平总书记在全国教育大会上明确提出新时代的教育要培养德智体美劳全面发展的社会主义建设者和接班人的总要求。2020 年 3 月 20 日,中共中央 国务院出台了《关于全面加强新时代大中小学劳动教育的意见》(以下简称《意见》),对新时代劳动教育作了顶层设计和全面部署。《意见》指出劳动教育是中国特色社会主义教育制度的重要内容,要求把劳动教育纳入人才培养全过程,与德育、智育、体育、美育相融合。2020 年 7 月,教育部又印发了配套文件《大中小学劳动教育指导纲要(试行)》,面向各级各类学校阐释了劳动教育的内涵和特征,要求高校要强化马克思主义劳动观教育,结合学科和专业特点,注重培养学生的劳动观念和创新创业能力。2022年 6 月 8 日,习近平总书记在宜宾学院考察调研时再次对广大学子给予谆谆教诲:"幸福生活是靠劳动创造出来的,要保持平实之心,从实际出发选择职业和工作岗位,热爱劳动,脚踏实地,在实践中一步步成长起来。"党的二十大报告指出:"全面贯彻党的教育方针,落实立德树人根本任务,培养德智体美劳全面发展的社会主义建设者和接班人。""在全社会弘扬劳动精神、奋斗精神、奉献精神、创造精神、勤俭节约精神,培育时代新风貌。"

　　为深入贯彻落实新时期党对劳动教育的新要求,扎实推进高等学校劳动教育,我们编写了《新时代大学劳动教育》教材。本教材围绕高校劳动教育教学课程特点和现实需求,以马克思主义劳动观为引领,着重强调劳动与劳动观,劳动精神、劳模精神、工匠精神,劳动能力,劳动安全,劳动实践与劳动教育质量评价。教材既体现理论与实际的结合,又体现不变的劳动本质和时代发展特性;既有人物故事作为榜样激励,又有实践活动实现劳动锻炼。教材框架新颖,内容充实,语言平实,可帮助大学生准确把握劳动教育价值取向,引导大学生树立正确的劳动观,提高劳动实践技能。

　　由于编者水平有限,本教材难免存在不足,恳请专家、同行和读者批评指教。

罗娅君

2024 年 1 月

目　　录

第一章 劳动教育

第一节 劳动教育概述

劳动教育是中国特色社会主义教育制度的重要内容,它直接决定着社会主义建设者和接班人的劳动精神面貌、劳动价值取向和劳动技能水平。

一、劳动教育的内涵

马克思最早提出了劳动和教育相结合的观点,并被专家学者加以概括:"通过这样的教育和结合,不仅能使受教育者掌握现代社会所必需的基本的综合技术素养,而且能使他们的精神情操受到陶冶,在知识和技能方面得到充实和提高,从而促进人的智力和体力的和谐发展。"马克思的这一观点突出了劳动教育除社会意义之外,对个人的重要意义。它使受教育者具有必备的劳动素养,也使劳动者各方面的素质得以提升。

劳动教育作为劳动的扩展,其概念也因不同的社会发展时期而被赋予不同的内涵。劳动教育是思想政治教育的基本范畴和重要组成部分,既涉及劳动,也涉及教育。人们对高校劳动教育的本质属性的认识大致可以分为四类:德育的内容、智育的内容、德育智育的综合体、促进学生全面发展的实践教育形式。《大辞海》将劳动教育解释为"以劳动观点和劳动态度为主要内容的教育。旨在使学生热爱劳动和劳动人民、珍惜劳动成果、树立正确的劳动观点和劳动态度、通过日常生活培养劳动习惯和技能"。它把劳动教育放于德育这一条目之下。《教师百科辞典》这样规定:"劳动教育就是向受教育者传播现代生产的基本知识和技能,培养他们具有正确的劳动观点、劳动习惯和热爱劳动人民、劳动成果的感情。"它重视劳动教育的智育属性。《中国百科大辞典》将劳动教育定义为"以劳动实践为主,结合进行思想教育"的活动,这个定义把劳动教育看作德育和智育的综合。

2020 年 7 月,教育部印发了《大中小学劳动教育指导纲要(试行)》,纲要规定:劳动教育是发挥劳动的育人功能,对学生进行热爱劳动、热爱劳动人民的教育活动。劳动教育既是"关于劳动"的教育,是一种教育内容;又是"通过劳动"的教育, 是一种教育形式。

二、劳动教育的特征

第一,劳动教育具有它自身独特的育人功能,旨在对学生进行热爱劳动、热爱劳动人民的教育活动。习近平总书记站在新时代党和国家发展全局的高度,深刻阐释了劳动教育的价值和意义。2018 年 9 月,他在全国教育大会上提出"培养德智体美劳全面发展的社会主义建设者和接班人"。2020 年 3 月,《中共中央　国务院关于全面加强新时代大中小学劳动教育的意见》指出,劳动教育是中国特色社会主义教育制度的重要内容,要全面贯彻党的教育方针,坚持立德树人,把劳动教育纳入人才培养全过程。

第二,劳动教育是具有独特的思想性的教育,它指出通过劳动能够创造出一定的财富和价值,实现个人对美好生活的追求。所有的物质财富都要依靠辛勤劳动来创造,国家鼓励并支持一切形式的劳动。保持诚实的劳动心态、坚持辛勤的劳动,不仅为个人理想的实现助力,也为参与国家现代化发展奠定基础。

第三,劳动教育凸显出社会性。教育部《大中小学劳动教育指导纲要(试行)》指出:"必须加强学校教育与社会生活、生产实践的直接联系,发挥劳动在个人与社会之间的纽带作用,引导学生认识社会,增强社会责任感;同时,注重让学生学会分工合作,体会社会主义社会平等、和谐的新型劳动关系。"

第四,劳动教育蕴含实践性。劳动教育更加注重提升学生的动手实践能力,是引导学生把知识转化为实践的一种形式,在实践中以观察和动手相结合的方式,能够拓宽学生对世界的认知,丰富想象力,为培养学生的创新能力起到积极的促进作用。劳动教育让学生通过劳动创造世界,创造物质财富和精神财富,塑造优秀劳动品质,实现人的全面发展。

第二节　新时代高校劳动教育

新时代高校劳动教育是指全面利用家庭、社会、学校等多方力量,针对大学生进行劳动观、劳动能力、劳动习惯和品质、劳动精神和人格培育的一系列教育。

一、新时代高校劳动教育的总体目标

新时代高校劳动教育的总体目标是"准确把握社会主义建设者和接班人的劳动精神面貌、劳动价值取向和劳动技能水平的培养要求,全面提高学生劳动素养"。此目标说明劳动教育应使学生:首先,深入理解劳动的本质及意义,学会尊重劳动、珍惜劳动成果；其次，熟练掌握和运用各项劳动知识与技能，善于在劳动中创造价值，强化劳动能力；最后，学习并弘扬劳模精神，养成勤俭、敬业的劳动习惯，发扬奉献精神，练就艰苦朴素的劳动品质，成为未来社会需要的合格型劳动者。

在劳动观方面，要让"劳动最光荣、劳动最崇高、劳动最伟大、劳动最美丽"的观念内化于心、外化于行。在劳动情感方面，要大力培植"热爱劳动""热爱创造"的真挚情感。在劳动品德方面，要在辛勤劳动、诚实劳动的基础上，强调创造性劳动、体面劳动。就劳动习惯而言，要让真抓实干、埋头苦干成为一种基本的生活方式。在劳动知识与技能方面，要用系统的科学知识与技能教育教学，为新时代大学生劳动素养的提升奠定坚实基础。

二、新时代高校劳动教育的主要内容

当代大学生是社会主义现代化建设的先锋军，必须具备扎实的专业知识，树立劳动最光荣的观念，体会劳动创造幸福生活。新时代高校应进行劳动观念教育、劳动能力培养、劳动精神培育、劳动习惯养成的教育，结合时代特征丰富大学生劳动教育的内容。

（一）劳动观念教育

劳动观念指个人对劳动的观点和看法，其主要表现在思想层面上。劳动观念主要包括对劳动的本质、目的、方法、实践等方面的看法，是世界观、人生观、价值观的重要组成部分，对大学生的劳动行为和参与活动的效果有着重要的影响。劳动观念教育主要有以下四方面内容。

第一，培养大学生以劳动为荣的价值观念。正如观念是行为的先导，大学生应有正确的劳动价值取向，尊重广大劳动者们辛勤劳动的成果，保持勤俭节约、艰苦奋斗的习惯。中华民族是勤劳勇敢不断奋进的民族，经过几千年的辛勤劳动，铸造了无与伦比的中华文明。近代以来，无数的中国人民抛头颅洒热血，坚持辛勤劳动和顽强拼搏，建立了中华人民共和国，使我们的财富得以保存和传承下来，进而惠及子孙后代。改革开放、脱贫攻坚，无数的国人辛勤劳动，推动中国在快车道一路驰行。大学生要树立以劳动为荣的理念，摆脱传统旧思维禁锢，勇敢跨步向前，积极践行诚实劳动的思想观念，树立正确的就业观。

第二，培养大学生正确看待体力与脑力劳动的观念。体力劳动与脑力劳动是辩证统一的，它们之间相互促进、相互影响，共同推动人的进步和发展。与此同时，随着科学技术的不断进步，当代社会对劳动者和劳动的要求越来越高，对脑力劳动、劳动者的智力要求更高。高校鼓励大学生自觉参加课堂学习，学习各种文化知识，丰富专业素养，积极参加社会的实践活动，练就一身过硬本领，督促自己成为优质人才。

　　第三,培养大学生尊重他人劳动的观念。劳动教育要教育大学生尊重他人劳动,如上课时老师耐心讲授知识,学生要仔细听讲,学习最新理论。在生活中,校园里的清洁人员已经打扫干净了教室、图书馆、楼道,大学生要尊重清洁人员的劳动,捍卫他们的劳动成果,自觉维护生活环境的干净整洁;在食堂里,大学生要坚持光盘行动,养成勤俭节约的品质。

　　第四,培养大学生奉献社会的观念。鼓励大学生们学习"宁肯少活二十年,拼命也要拿下大油田"的"铁人"王进喜;学习"宁愿一人脏,换来万家净"的掏粪工人时传祥;学习鞋匠孟广彬几十年如一日,用一针一线穿写出诚实守信的人生信条,他以一个平凡劳动者的坚守,诠释了一名草根工匠的社会价值;学习袁隆平几十年如一日研究杂交水稻种植技术,甘于奉献社会。高校大学生作为高素质的劳动者,要具备主人翁意识为学校、为社会做贡献,秉持只争朝夕、不负韶华、时不我待、甘于奉献的观念,投身社会主义现代化建设,为国家富强添砖加瓦。

　　(二) 劳动能力培养

　　劳动能力是人们主动参与生产生活实践的能力,一般包括通用劳动能力、职业劳动能力、专门劳动能力。大学生是我国社会主义建设重要的劳动大军,对社会现代化发展起到强大的推动作用。随着社会发展,用人单位更加重视大学生的个人能力,对大学生的综合素质提出了更高的要求。我们可以发现一些不具备劳动技能的大学生,在求职过程中屡屡碰壁。因此,对大学生进行劳动能力的培养显得尤为重要。

　　第一,要培养大学生的通用劳动能力。首先,在认知思维上,要大学生树立正确价值观,深刻理解社会主义劳动关系,树立正确的劳动观;在目标理念上,要号召形成人人劳动、时时劳动、处处劳动的有机体;在方法手段上,要运用好融入式、嵌入式、渗入式的形式。其次,需要加强对相应的劳动和劳动教育基础理论知识的教育,如劳动和劳动教育的相关概念、内容、价值、实践等,引导大学生自主学习劳动常识,结合新时代要求,深入学习党的教育方针政策,学习习近平关于劳动教育的重要论述,不断更新知识储备,锻炼日常劳动能力;在就业之前,大学生还需加强对基本法律法规的学习,如《劳动法》《劳动合同法》《劳动争议调解仲裁法》等法律条文,学会保障自身劳动权益。最后,大学生要积极参与劳动实践,学习各种劳动技能,在实践中不断磨炼提升通用劳动能力。

　　第二,要培养大学生的职业劳动能力。职业劳动能力教育是指学生通过专业的技术训练,从而具备专门行业的知识与劳动能力。大学生应掌握一定的职业劳动技能,特别是对于一些理工科、医学专业、职业院校的大学生来说,没有一定的实践实训经验,就不能适应和胜任岗位。高校通过劳动实践的形式可以将所需的职业劳动能力更好地教授给大学生。高校可结合综合院校、理工类院校、医学类院校、职业院校大学生所学专业的特点,提供的职业规划、岗位培训、支教服务、技能实训等实践活动,加深大学生对职业的理解,锤炼大学生独立工作的能力,并进一步使大学生掌握专业技能。新时代高校劳动教育必须结合大学生各自专业需求,发挥学生自身的主动性,使其熟练掌握劳动工具操作方法,为未来工作、职业发展做好充分准备。

第三,要培养大学生的专门劳动能力。专门劳动能力是大学生从事某些具有特定要求的劳动活动所要具备的能力,如革新创造、组织执行等能力。大学生应结合具体问题或特定要求,在理解工作任务、了解办事程序、使用操作工具等基础上,能够独立思考、创新,提出新的想法和解决方案,具备将设计、规划、决策等执行落实的能力。

(三) 劳动精神培育

劳动精神是劳动者在从事体力劳动和脑力劳动的实践过程中展现出来的精神面貌和精神品质,它不仅是促进社会发展的重要力量,也是个人创造力的关键所在。新时代劳动精神是习近平新时代中国特色社会主义思想的重要内容,是推动实现中华民族伟大复兴的中国梦的重要精神支撑。大学生劳动精神培育是一项系统工程,需要整合国家、社会、高校、家庭等多方力量,多措并举,从动力机制、实践活动、校园文化等方面着手,才能有效增强大学生劳动精神培育成效。劳动精神培养主要有以下几方面。

第一,激发崇尚劳动的动力。大学生劳动精神的培育有赖于大学生对劳动精神形成的心理认同,只有明确什么是劳动精神、为什么要培育劳动精神,以及如何培育劳动精神的基本问题,才能有效提高大学生在劳动精神培育中的主体意识,增进大学生对劳动精神的认同与尊崇。

第二,健全热爱劳动的机制。建立健全劳动机制,完善各项培育条件,是维护大学生合法劳动权益的重要保障,也是激发学生热爱劳动的前提之一。科学劳动机制的健全和完善,不仅是高校的责任义务,还有赖于国家和社会精准发力、综合施策。

第三,提倡辛勤劳动的实践活动。实践活动作为高校、家庭和社会培养大学生健康身心的重要载体,是深入开展大学生劳动精神培育的必要途径。只有建立健全家校联合、社会促进的综合培育模式,让大学生充分参与劳动实践,切身体悟劳动过程,才能有效提高大学生的担当意识,使其积极承担起时代新人的重要使命。

第四,营造诚实劳动的校园文化。校园文化对大学生有着潜移默化的影响,对其价值观塑造、行为习惯养成都起着至关重要的作用。以高雅的校园文化感召大学生养成诚实劳动的良好品质,是开展大学生劳动精神培育的关键一环。

（四）劳动习惯养成

劳动习惯是指人们在劳动过程中形成的经常性的行为，也可以说是在劳动的过程中经过人们持续不断的练习形成的，并发展成为独立个体从事体力或者脑力劳动的一种自觉的行为方式。它主要指在生活和教育活动过程中形成的与劳动有关的人的行为范式。

劳动习惯不单单是一种理论观念，更是在具体实践中表现出的一种行为习惯。好的劳动习惯，促进大学生健康发展，不好的劳动习惯阻碍大学生的进步。数字时代的到来、人工智能的迅猛发展、互联网的飞速发展，无形中滋长了大学生不劳而获的不良心理。"空谈误国、实干兴邦""奋斗者的时代"，这些口号都是对不良心理的有力纠正。因此，大学生要将劳动作为一种习惯，不要存在侥幸心理，要在日常生活中养成良好的劳动习惯，成为"流自己的汗、吃自己的饭"、有尊严、有教养的时代新人。新时代高校要重视劳动习惯的培养，要求大学生做好个人卫生，处理好个人事务，积极参加班级活动，进一步提高劳动能力。同时，新时代高校要加强大学生日常生活中的劳动教育，结合大学生的校园生活，组织大学生开展校园卫生、文明寝室建设等劳动锻炼，在这一过程中使其养成良好的劳动习惯；在日常生活之外，让劳动贯穿课堂学习、生产实践、教育培训。

三、新时代高校劳动教育的主要形式

（一）日常生活劳动教育

日常生活劳动教育，主要是指在个人生活和家庭生活事务中所开展的劳动教育，它使学子们能做到以处理个人的生活事务为出发点，养成健康合理的生活节奏与卫生习惯，努力做到自理、自立、自强。日常生活劳动教育具有经常性、持续性的特点，它与我们的衣食住行有直接的关联性，所以不需要为其创造特定的教育环境。

在日常生活中开展劳动教育，家庭、学校都发挥着巨大作用。首先，家庭在日常劳动教育中扮演着重要角色，家庭是开展教育的第一场所，父母是孩子的第一引导者，家长应在家庭生活中为孩子提供更多的劳动机会，从而锻炼他们劳动和独自生活的能力，例如注重培养孩子掌握洗衣服、做饭、整理家务等基本的生活技能，为日后独立生活打下坚实基础。从目前的情况来看，部分大学生在生活中并不能完全自理，造成这种现象的原因是父母忽视了孩子在成长过程中必需的日常生活劳动教育。因此父母应注重树立孩子自立自强的观念。若在家庭中都未能实现自理，更别论孩子能养成勤俭节约、热爱劳动的好品质。其次，在日常生活中开展劳动教育，学校也发挥着不可或缺的作用。学校是除家庭之外开展日常生活劳动教育的第二场所，学校不能只专注于学生系统的文化知识学习，也要注重课下对学生进行日常生活劳动教育,积极开展一系列主题活动如宿舍文化节、班级集体植树、校园卫生分片维护等活动,着重培养大学生的劳动意识,督促学生养成良好的生活习惯和卫生习惯,以及处理日常事务的动手能力,为步入社会参加生产劳动夯实基础。

(二)生产劳动教育

生产劳动教育的核心内容是要让学生在充分体验感受生产创造物质财富的过程中,逐渐溶解对劳动活动的刻板印象,增强产品质量意识,体悟到在朴实无华的劳动中由汗水凝结出的智慧和勤劳的崇高。将教育贯穿于生产劳动之中,旨在让大学生在参与实践活动的过程中亲身接触,切实体会群众生活的必需品的制作和生产过程,体会平凡而伟大的物质财富的创造和积累过程。学校应让学生通过亲身经历、互相交流来学习如何操作使用生产活动中的工具,使其明白生活必需品的来之不易,懂得劳动创造物质财富、满足人类基本生活需求的伟大,进而达到大学生能够尊重普通劳动者、尊重他人劳动成果的育人效果,努力为大学生形成正确的劳动价值观搭建一个坚实的平台。生产劳动教育是劳动教育中最基本的一环,它为大学生形成正确的劳动价值观奠定了基础。生产劳动教育在当下是最难组织实施的,因为同日常生活劳动教育和服务性劳动教育相比较,它具有更艰苦的环境和更苛刻的条件。

首先,虽然学校是开展生产劳动教育的主要组织者,但生产劳动教育理当在相对稳定的学工、学农的生产实践基地中开展。因此学校开发更加多样的生产实践基地也就显得极为重要,这需要学校具体问题具体分析,结合本校的办学特色,有针对性地与社会生产单位建立长期的合作关系。例如师范类院校可以积极与中小学开展合作,挂牌专属基地,有计划地推荐优秀的师范生去中小学参与教育实践。农业类学校则可以积极承包试验田,鼓励学生到田间地头去参与育种、耕种、收获的生产过程,与农民一起感受务农的艰辛与快乐。其次,生产劳动教育需要社会各界共同参与,并不能仅依靠单方面的力量来开展生产劳动教育。由于生产劳动教育需要多种多样的实践基地,所以需要社会各界共同支持,敞开大门积极响应,为大学生参与生产劳动实践提供更多的便利,使大学生能深入不同的工作岗位去体验生产劳动。丰富多样的实践基地能够激发广大学子踊跃加入实践活动的热情,在生产劳动中共情劳动人民的辛劳。让大学生走出校园走进社会,感受真实的生产劳动,参与劳动创造物质资料的过程,不仅能够增强他们对劳动意义与价值的理解,而且能够培养他们吃苦耐劳的精神和爱岗敬业的职业素养。

(三)服务性劳动教育

服务性劳动教育属于非生产性劳动教育,具有较强的时代特点。服务性劳动教育要注重让学生将所学的理论知识与劳动技能付诸实践,服务他人、奉献社会,增强社会责任感,它对培养大学生服务社会、奉献社会的精神具有重要作用。中国特色社会主义步入新时代,经济快速发展、社会不断进步,现代化建设进程不断加快。服务性行业像雨后春笋般涌现,规模越来越大,标准越来越高,服务性行业中的公共服务也成了举足轻重的存在。学会为他人服务,为社会作出贡献,这是对新时代大学生的要求,这有助于他们形成完整且立体的世界观、人生观和价值观。在多种多样的社会服务中大学生能总结经验、增长才干,形成大学生应该有的责任担当意识和无私奉献的精神。

在服务性劳动中开展教育,要让大学生学会利用所学专业知识、劳动技能,操作工具、运作设备为他人和社会提供满意而周到的服务,在实践中积累经验,不断锻炼服务的真本领。例如鼓励大学生积极投身于公益活动,在公益性劳动志愿活动的过程中,培养积极的社会责任感和社会公德心。高校可以围绕服务性劳动教育开展丰富多彩的主题活动,根据大学生的个性特征引导他们选择适合自己的服务项目,从而激发他们参与公益活动的热情和斗志。如可以充分发挥学生组织的作用,积极打造一支以服务性劳动为主题的社团,开展多样化的活动引导大学生群体关注劳动,促进劳动教育进一步落地生根,也可以开展公益支教、服务性劳动知识大赛、慰问演出等志愿活动,还可以开展校园服务之星评选大赛,积极创作劳模故事,通过线上、线下活动扩大宣传。

第三节 劳动与全面发展

劳动具有树德、增智、强体、育美的综合性育人价值,也是国民素质养成中不可或缺的重要组成部分,是德智体美育所不能够替代的。新时代教育将其与德育、智育、体育、美育并于一起,形成"五育并举"的教育方略,在彰显劳动教育本体价值的同时,体现出党对教育规律的深刻认识和有效把握,在劳动中立德树人,在劳动中增智长识,在劳动中强身炼体,在劳动中鉴美创美,"五育并举"使德智体美劳五大要素形成相互依存、相互契合的统一体,融汇于塑造优秀建设者和可靠接班人的育人过程之中。

一、以劳树德:劳动是德育之源

新时代加强大学生劳动教育可以培养大学生的爱国精神,提高大学生对国家、对社会、对人民的责任感、义务感,培育大学生的奋斗精神和担当精神。新时代的劳动教育为大学生树立了众多劳动榜样。劳动模范的事迹使大学生体会到劳动人民的伟大,帮助大学生理解爱国主义精神的内涵,培养大学生艰苦奋斗的劳动精神。劳动教育鼓励大学生积极参与志愿服务和义务劳动,使大学生在劳动中体会到"给比拿更快乐",懂得为人民服务,学会无私奉献,树立起担当民族复兴大任的责任意识,更好地为建设祖国而奋斗。

劳动教育可以培养大学生与劳动人民之间的感情,培育敬业精神。当代大学生大多生活水平较高,参与劳动较少,轻视劳动,不愿劳动,对劳动人民的情感相对淡薄。加强劳动教育,将大学生与劳动人民紧密联系起来,使大学生感念劳动的辛苦,尊重劳动人民,爱惜劳动成果,为大学生走向工作岗位打下心理基础。部分大学生毕业后"眼高手低",过度高看自身实力,择业时挑三拣四,不愿吃苦受累。加强劳动教育可以帮助大学生正确审视自己,避免骄傲自满的情绪,励志奋斗,勤勉敬业。

劳动教育可以培养大学生的合作精神,提高大学生的团结协作能力。当代大学生在步入大学以前,也很少组织过大型复杂的集体活动,大多是在老师指导下进行简单的体力劳动。加强大学生劳动教育可以引导大学生分工协作、互相帮助。大学社团活动基本靠学生自发组织,教师大多只是审核指导,实际组织和执行都要由学生们完成。因此,学生在此类集体活动中能学会团结合作,懂得互相体谅,了解合理分工的重要性,树立责任到人的意识。

二、以劳增智:劳动是创造之基

加强新时代大学生的劳动教育,可以提高大学生学习的积极性、主动性。部分大学生进入高校之后,学习开始懈怠,"不求高分能拿钱,只求六十过个年"成为一些学生的口头禅。他们放松专业技能的学习,不在乎评优评先,自身科学文化素养达不到高等教育应有的水平。加强劳动教育,积极组织大学生参与劳动,可以使学生认识到努力学习的重要性,从而积极学习科学文化知识。

加强新时代大学生的劳动教育,可以巩固大学生所学的理论知识。学习不是为了记住知识,而是为了解决问题。大学生在参与实践劳动,尤其是专业实践的过程中,需要灵活运用所学知识,解决面对的各种实际问题。如果不能熟练掌握专业知识,就无法应对学习和工作中的各种问题。只有通过实践,才能真正将书面知识吸纳为自己的专业技能,加深对所学理论知识的理解,增强利用所学知识解决问题的实践能力。

加强新时代大学生的劳动教育,可以提高大学生的动手能力,提升创业创新意识和能力。每年的毕业季,大量的大学生踏入社会,正式工作,成为劳动者大军的一部分。大学生必须具备相应的工作能力,才能顺利交接工作。劳动教育可以增强大学生动手能力,使大学生真正参与劳动,掌握劳动方法,实践劳动过程,避免纸上谈兵,高分低能。同时,新时代大学生劳动教育鼓励大学生进行智力劳动,提倡在劳动中学习创造,积极研究专业知识及其他相关理论,提出新观点,实验新理论,大胆想象,耐心求证,思考最优解决办法,提高自身的创新意识和能力。高校劳动教育为大学生提供创业培训,鼓励学生寻求新商机,锻炼学生自主创业能力。

三、以劳强体：劳动是体育之本

新时代加强劳动教育可以使大学生树立正确的体育观,让"全民健身"的观念深入人心。体力劳动与体育锻炼一样,可以增强大学生的体质,促进大学生的身心健康。熬夜已经成为当代大学生的普遍习惯,各种亚健康问题开始出现,体育测试基本成为大学生们的"噩梦"。虽然学生们基本都可以达标,但优秀学生相对较少。此外,节食减肥作为大热现象,存在着一定的安全隐患,容易引起营养不良、厌食症等,不利于身体健康。身体是革命的本钱,没有健康的身体,就不能更好地参与劳动,不能应对未来可能存在的生活、工作问题,不能更好地为社会作出贡献。高校劳动教育要引导学生积极参与劳动,通过劳动增强新陈代谢,优化人体机能。适度的劳动活动可以使学生认识到身体健康的重要性,养成早睡早起勤锻炼的生活方式;可以督促大学生积极锻炼身体,保持健康体形,增强身体素质。

劳动教育可以培养大学生积极健康的心理素质。劳育与体育相结合,既可以锻炼人的体魄,又可以磨炼人的意志。当今社会节奏较快,压力较大,大部分人都有或重或轻的心理问题,这既是对精神的折磨,又是对身体健康的损害。加强劳动教育,积极组织实践劳动,可以帮助大学生在劳动中合理发泄出负面情绪,借体力消耗疏解心理压力,调节心理健康。在劳动实践的过程中,学生需要走出宿舍,需要互相沟通分工等问题,这改善了学生交友面狭窄的情况,推动了学生彼此间的交流,帮助学生塑造外向活泼的性格,养成积极乐观的心态。体验过劳动的艰辛之后,学生的意志得到了锤炼,应对磨难的心理素质得到了加强。只有心理与身体健康协调发展,才能真正成长为国之栋梁,肩负起复兴中华民族的伟大重任。

四、以劳育美：劳动是美育之根

劳动教育可以培养大学生发现美的能力。高校通过劳动教育引导学生走出课堂,学生在劳动的过程中,接触美、体验美。发现并欣赏大自然的美,才能更好地保护自然。在义务植树、采风写生等活动中,学生走进自然、亲近自然,体验四季轮回的变化,感受自然环境的千姿百态,发现自然环境的秀美与壮丽,从而树立"绿水青山就是金山银山"的环保理念。除了自然之美,还有人文艺术之美。精美的科技文化产品为我们的生活带来翻天覆地的变化。高校劳动教育可以通过参观艺术展、参观科技馆、组织科技比赛等活动,引导学生发现艺术与科技的美。学生在参观的过程中,要思考分析这些物品的艺术性,在参与科技比赛的过程中,要使产品兼具观赏性与实用性,吸引评委与观众的注意力。这些都培养了学生发现美、创造美的能力。

劳动教育可以提高大学生的审美鉴赏能力。大学生通过劳动实践,在认真思考的基础上辨别真善美和假恶丑,进而自觉抵制丑陋的事物。外在的美只能取悦人的眼睛,内在的美却可以感染人的灵魂。就人本身而言,内在美才是真的美。高校要强化劳动教育,帮助大学生树立正确的审美观,引导学生不要只追求表面的风光,更要看到人内在的本质,以劳动务实为美,以善良敬业为美。劳动教育可以增强大学生的审美创造能力。在劳动中,学生大胆创新,充分发挥主观能动性,创造出更多的美。教室的改造布置,园林的规划设计,程序的解构分析,这些都体现着学生对美的不同的追求与创新,都体现了学生在劳动实践中逐渐培育出的美感。

本章复习思考题

1. 劳动教育对大学生个人成长有哪些影响? 对社会进步有哪些作用?

2. 结合所学专业,谈谈劳动教育可以依托哪些课程和活动来开展?

3. 人工智能时代需要哪些劳动精神和品质? 未来可能有哪些新的劳动形式和劳动关系?

拓 展 阅 读

诺贝尔物理学奖得主杨振宁

杨振宁,物理学家,香港中文大学博文讲座教授兼理论物理研究所所长,清华大学高等研究院名誉院长、教授,纽约州立大学石溪分校荣休教授,中国科学院院士、美国国家科学院外籍院士、英国皇家学会外籍院士、台湾"中央研究院"院士、香港科学院荣誉院士、俄罗斯科学院院士,1957 年获诺贝尔物理学奖。

1954 年杨振宁和米尔斯教授共同创建的"杨-米尔斯规范场"理论为粒子物理学提供了基本框架。杨振宁凭借着 1956 年与李政道合作提出的"弱相互作用中宇称不守恒理论"在国际上名声大噪,成为国际知名的青年物理学家。1957 年,他荣获了沉甸甸的诺贝尔物理学奖,并发表了感言:"在广义上说,我是中华文化和西方文化的产物,既是双方和谐的产物,又是双方冲突的产物,我愿意说我既以我的中国传统为骄傲,同样的,我又专心致于现代科学。"

感动中国 2021 年度人物

杨振宁

杨振宁先生是跨世纪的伟大物理学家,在粒子物理学、统计力学和凝聚态物理等领域作出里程碑性贡献,他心系祖国科教事业,为国家的科技发展、中外科技文化交流作出了重要贡献。

杨振宁

学术界公认,杨振宁在统计力学、凝聚态物理、粒子物理、场论等 4 个领域拥有 13 项诺贝尔级别的成就。

在回国后的几十年时间里,杨振宁致力于中国的理论物理发展,并在这方面居功至伟。在他的直接推动和努力下,中国建立了 60 余座一流物理实验室,并且他还促进了中国冷原子、凝聚态物理科研发展。此外,杨振宁推动了香港中文大学数学科学研究所、清华大学高等研究中心、南开大学理论物理研究室和中山大学高等学术研究中心的成立,为清华、复旦、南开等大学筹集了巨额科研经费,之后还建立了"杨振宁讲座""杨振宁基金会",以及"杨振宁奖学金"来激励推动研究的发展。

2017 年 2 月 21 日,杨振宁放弃美国国籍正式转为中国科学院数学物理部院士。这是中国科学院学部历史上前所未有的事情。

杨振宁是跨世纪的伟大物理学家,在粒子物理学、统计力学和凝聚态物理等领域作出了里程碑性贡献。他心系祖国科教事业,为国家的科技发展、中外科技文化交流作出了重要贡献。同时,他始终关心中国重大科学工程及科技决策,用他的科学精神和学术人格,在中国科学界起着显著的引领作用。

思考题:

1. 结合人物故事分析什么是德智体美劳五育并举?

2. 通过进一步了解和收集杨振宁的事迹,你认为当代青年应该学习他的哪些科学精神?

第二章 劳动与劳动观

"劳动是一切幸福的源泉。"[①]劳动是人类的本质特征,是创造社会物质财富和精神财富的根源,是推动社会进步的根本力量。习近平总书记在 2018 年全国教育大会上强调"要教育引导大学生崇尚劳动、尊重劳动,懂得劳动最光荣、劳动最崇高、劳动最伟大、劳动最美丽的道理,长大后能够辛勤劳动、诚实劳动、创造性劳动"[②],这深刻阐明了劳动教育的基本内涵和价值旨归,凸显了党和国家对劳动教育的重视。

第一节 劳 动

劳动是人类的本质活动,是推动人类社会进步的根本力量。马克思指出:"任何一个民族,如果停止劳动,不用说一年,就是几个星期,也要灭亡。"[③]劳动光荣、创造伟大,是马克思主义劳动观的基本观点,是对人类文明进步规律的重要诠释,也是深深植根于中华民族血脉的精神基因。

一、劳动的概念

劳动是一个抽象的概念,是劳动教育的一个基本理论问题。马克思给劳动下了这样的定义:"劳动力的使用就是劳动本身。"[④]劳动力的买者消费劳动力,就是让劳动力的卖者为其提供劳动。概括起来讲,劳动是人类运动的一种特殊形式,是人们使用劳动资料来改变劳动对象,创造生活必需的物质财富和精神财富的有目的的活动。

---

① 习近平:《在全国劳动模范和先进工作者表彰大会上的讲话》,北京:人民出版社 2020 年版,第 5 页。

② 中共中央党史和文献研究院编:《十九大以来重要文献选编(上)》,北京:中央文献出版社 2019 年版,第 653 页。

③ 《马克思恩格斯选集》第 4 卷,北京:人民出版社 1995 年版,第 580 页。

④ 《资本论》第 1 卷,北京:人民出版社 2004 年版,第 207 页。

劳动是主体、客体和意义的内涵集成体。第一,劳动是人类特有的一种活动,是人类区别于动物的特有的存在方式。第二,劳动是一种运用体力、智力、知识和工具实际地改变外部世界和周围环境的对象性活动,是主观见之于客观的实践活动。第三,劳动是人类社会生存和发展的基础,这主要是指生产物质资料的过程,通常是指能够对外输出劳动量或劳动价值的人类运动,是人类维持自我生存和自我发展的唯一手段。进一步而言,劳动是实际地改变自然界并生产出满足人类需要的物质财富的实践活动,是人类赖以存在和发展的、作为人类生存永恒基础的物质资料的生产过程。第四,劳动是人们以自主或受雇的方式改造自然界并创造物质财富的直接的物质资料生产过程,是人与自然界直接进行物质、能量、信息交换和变换的活动过程。

人类进行劳动,必须具备三个要素,即有目的的劳动、劳动资料和劳动对象,只有这三个要素结合起来,劳动才能实现。在劳动的三要素中,有目的的劳动是最主要的因素,起着主导作用。劳动资料是人类在劳动过程中,用以改变劳动对象的形状、位置,以及物理和化学性能的一切物质资料和物质条件。劳动资料主要是劳动工具,而劳动工具是随着生产力的发展而由低级到高级发展变化的。在原始社会中,劳动对象主要是自然界存在的自然物,如野兽、鱼及野果等。随着科学技术的发展,劳动对象的种类越来越多,除自然界存在的自然物之外,出现了大量经过人类劳动加工后的劳动对象,例如钢材、木材、棉纱、化工原料等。

二、劳动的特征

劳动创造了世界,也创造了人类本身,这是每一个马克思主义者都承认的一个基本原理。2021 年“五一”国际劳动节到来之际,习近平总书记在致全国广大劳动群众的节日祝贺中指出:“劳动创造幸福,实干成就伟业。”[1]劳动的产生、发展与时代的发展进步紧密相关,具有独特性、创新性、价值性等丰富特征。

(一)劳动的独特性

劳动是人类独有的,正是因为人类能够进行劳动,才从动物界中分化出来,成为不同于动物的人类。人类的劳动与动物的本能活动之间的本质区别主要在于:一是人类劳动是有意识、有目的的活动,人类在进行任何劳动之前,都先在头脑中形成了用什么方法、达到什么目的、最后满足什么需要的设想,然后按照头脑中形成的设想进行劳动;二是人类不仅会使用劳动工具,更重要的是还会制造工具,即使是原始人的石刀、骨针等最原始的工具,也只有人类才会制造出来,任何动物都

---

①　新华社:《在“五一”国际劳动节到来之际 习近平向全国广大劳动群众致以节日的祝贺和诚挚的慰问》,《人民日报》,2021 年 05 月 01 日 01 版。

不会制造任何工具，它只能利用自然界的某些物件，这是人与动物的最本质的区别。

人类社会的发展历程由低到高，从野蛮到文明，从蒙昧到进步，没有劳动，没有劳动创造出来的驱动力，一切皆不可能。人类社会共经历了原始社会、奴隶社会、封建社会、资本主义社会和社会主义社会等五个发展阶段，每一次社会制度的发展变革，都是劳动推动社会生产力向前发展的结果。人类社会从低级到高级的发展，是一种自然规律，最终必然要发展为共产主义社会，这是社会生产力不断向前发展的必然结果。

（二）劳动的创新性

人类进化的过程在基因重组和机体结构创新的基础上增加了文化创新的内容，并且随着进化水平的提高，文化创新部分所占的比例越来越高。人类独占的文化积累模式使人类形成了适应自然的独特方式。在人类独有的文化积累中，劳动无疑起着决定性的作用，其中以科学技术为代表。科学技术来源于生产实践和科学试验，然后又回到生产中去，为物质资料生产服务，它是知识形态的社会生产力。科学技术成为社会生产力，首先是通过科学技术成果转变为社会生产力和通过科学技术创造发明的新的生产机器或工艺来实现的。这些新的机器和工艺应用于生产之后，形成了新的巨大生产力。其次是通过教育传承等方式把科学技术知识传授给劳动者，使劳动者掌握新的科学技术知识后，能够生产出更多更好的产品，并创造出前所未有的劳动生产率。科学技术不仅推动了生产机器和生产工艺的改进和提高，而且大大扩大了劳动对象的范围，使生产不断向深度和广度发展。可以说，由于科学技术的进步，揭开了这些物质的物理和化学性能，使之成为可以加工利用的劳动对象，并生产出前所未有的物质产品，使之成为新的劳动对象，使人类的生活更加丰富多彩。

（三）劳动的价值性

"'人生在勤，勤则不匮。'幸福不会从天降，美好生活靠劳动创造。"[1]人类的一切活动（经济活动、政治活动与文化活动）在本质上都是价值的运动，都是各种不同形式的价值不断转化、不断循环、不断增值的过程。这种价值运动具体表现为使用价值、劳动潜能、劳动价值与新使用价值的循环回路，所有复杂形式的价值运动最终都可以分解为若干个这样的循环回路，所有复杂的社会现象都是由若干个这样的循环回路有机地组合而成的。

一方面，劳动创造世界。马克思指出："作为确定的人，现实的人，你就有规定，

---

① 习近平：《在知识分子、劳动模范、青年代表座谈会上的讲话》，北京：人民出版社 2016 年版，第7页。

就有使命,就有任务……这个任务是由于你的需要及其与现存世界的联系而产生的。"①马克思认为,劳动是区分人与动物的决定性因素,劳动使自在意义的自然世界跃迁为自为意义的人类世界。作为人类最基本实践活动形式的劳动,也从"解释世界"转变为"改造世界"的现实社会活动。另一方面,劳动是实现人的自由的必要手段。马克思所认为的成为幸福源泉的劳动是自由、尊严、安全的劳动,"由社会全体成员组成的共同联合体"共同占有生产资料,在社会的管理下实施生产,以保证每个人的一切合理的需要在越来越高的程度上得到满足。

三、劳动的分类

劳动是人类运动的一种特殊形式。人类劳动的本质特征之一,即劳动工具的使用,而不同劳动工具的使用也就构成了不同的劳动类型。依据人类历史发展过程中对于不同劳动工具的使用,可以将劳动类别分为手工劳动、机器劳动及智能劳动。

(一) 手工劳动

手工劳动是人类活动的原始生态性呈现,是借助劳动器官及手工工具所开展的劳动形态。其中,劳动器官包括人类的手臂、背部、腿等。劳动工具是人类躯体的延伸,是人类器官的外化表现,主要是从自然界获取或对自然物体的改造产生。在手工劳动基础上,人类创造了具有鲜明地域、族群和文化蕴涵及特征的物质财富,也形成一定的生产结构、经济制度、社会模式以及思想观念。在现代社会中,个性化、创新化、民俗化成为手工劳动的发展趋向。

(二) 机器劳动

机器劳动是人类借助于"看管工作机"而形成的劳动形态。在机器劳动中,工作机是劳动的中介,人类的重要作用在于发挥自身的看管功能。因此,机器劳动的主体依旧是人。在人类历史上,蒸汽机的出现使机器劳动第一次取代了手工劳动,以化石能源、新能源等为基础的电气化阶段则加速了机器劳动的进步。其中,流水线、泰罗制等是机器劳动的鲜明特征,实现了整个社会生产力的大幅跃升。在现代社会中,机器劳动借助互联网具有了新的发展机遇。

(三) 智能劳动

智能劳动是以现代信息技术、智能装备等强化、改造劳动诸要素而形成的新型劳动类型。它的核心在于借助移动互联网、大数据、云计算、物联网等实现生产方式、管理服务、产品设备等的智能化。它的出现以智能机器的使用为标志,是劳动工具从机械化向智能化转变的必然发展。智能机器某种程度上超越了人的劳动者

---

① 《马克思恩格斯全集》第 3 卷,北京:人民出版社 1960 年版,第 329 页。

身份,人不再是单一劳动主体。当前,由此而产生的一大批新型职业形态对传统职业形成了强烈冲击,这既为人类全面而自由的发展提供了条件,也对劳动者的本身价值形成了道德挑战。

现代社会中,手工劳动、机器劳动、智能劳动等交织叠加在一起,满足了人类发展的多元化需求,也对科学技术发展提出了迫切要求。但这一切只有立足于人的本质,以人为本,使劳动工具为人类而服务,才能创造人类社会的美好明天。

第二节 劳 动 观

劳动是人的社会化本质形成的核心因素,也是实现人的发展目标的重要路径。劳动观是关于劳动的价值观念。马克思主义劳动观是中国特色社会主义劳动价值观的理论溯源,而中国特色社会主义劳动价值观继承、发展与创新了马克思主义劳动观。明确劳动价值观是培养中国特色社会主义时代新人的实践诉求。

一、马克思主义劳动观

劳动观在马克思主义学说中占据了主导位置,是马克思主义展开的伦理依据和逻辑起点。马克思主义在关于劳动、教育等论述方面,形成了系统化、科学化、理论化的劳动观。马克思主义劳动观是实现新时代高校劳动教育的理论支撑,也是构建中国特色社会主义劳动教育体系的应有之义。

(一) 劳动与人类历史

劳动是马克思主义分析人类历史的重要核心概念,围绕此也形成了马克思主义关于人类社会发展规律的普遍性认知。在人类历史中,人的物质化劳动构成了人类社会的发展中心,也成为理解人类发展历史的关键所在。进一步而言,劳动是理解人类历史的钥匙,也是历史唯物主义论证的重要内容。在马克思主义研究中,理解社会存在和社会意识的辩证关系、阶级和阶级斗争、国家和社会革命等重要原理要以劳动为中心进行逻辑展开。

物质资料的生产、利用等是劳动的起点,这也形成了人类社会关系的规律性、客观性、实在性。人的劳动是人类现实存在的关键要素,它不是概念意义上的抽象劳动,而是以客观世界为劳动对象的感性物质活动,这成为人类生存与实践的本体所在。可以说,人类历史的根本在于生产劳动,也是在人类劳动的过程中形成了人类历史。只有人类的真实劳动才是人类历史的基础,也是把握人类历史规律的逻辑源头。因而,在马克思主义的历史唯物主义世界观与方法论中,劳动既是人类历史发展的事实起点,亦是整个历史唯物主义建构的逻辑起点。需要强调的是,劳动人民则构成了人类历史的推动力量。

（二）劳动与社会发展

在马克思主义看来,劳动是"一切历史的基本条件",人类社会的劳动构成了人类发展的有效物质前提,而人也是这种社会条件下的社会关系的集合体。在这种社会关系中,人类通过不断劳动推动了社会的发展进步。马克思在《德意志意识形态》中指出:"我们首先应当确定一切人类生存的第一个前提,也就是一切历史的第一个前提,这个前提是:人们为了能够'创造历史',必须能够生活。但是为了生活,首先就需要吃喝住穿以及其他一些东西。因此,第一个历史活动就是生产满足这些需要的资料,即生产物质生活本身,而且正是这样的历史活动,一切历史的一种基本条件,人们单是为了能够生活就必须每日每时去完成它,现在和几千年前都是这样。"[①]其中,人民群众通过劳动获得了"劳动的外化",形成了劳动价值。在社会的发展进步中,资本主义社会基于剩余价值所产生的利润率对人民群众进行残酷剥削,则必然会被社会主义取代。故而,劳动的价值属于社会关系群体,是社会主义社会的重要属性。劳动人民创造的价值回归劳动人民自身,避免了剩余劳动价值的无意义消耗。因而,劳动人民是社会财富的真正拥有者,这是社会发展的社会意义所在。马克思鲜明指出:"任何一个民族,如果停止劳动,不用说一年,就是几个星期,也要灭亡,这是每一个小孩都知道的。"[②]劳动是社会发展的坚实依托,也是实现人类价值的实践归宿。

（三）劳动与人的发展

马克思主义认为:"正是在改造对象世界中,人才真正地证明自己是类存在物。这种生产是人的能动的类生活。通过这种生产,自然界才表现为他的作品和他的现实。"[③]正是劳动,彻底将人与猿区别开来,形成了人的独特发展,展现了人作为高等动物的特殊魅力。恩格斯在《劳动在从猿到人转变过程中的作用》中指出,"其实劳动和自然界一起才是财富的源泉,自然界提供劳动以材料,而劳动则把材料变为财富。但是,劳动还远不止如此。它是整个人类生活的第一个基本条件,而且达到这样的程度,以致我们在某种意义上必须说:劳动创造了人类本身"[④]。

首先,人的本质在劳动中形成。具体而言,"人的本质不是单个人所固有的抽象物,在其现实性上,它是一切社会关系的总和"[⑤]。劳动本身是关于人类的自在行为,是人类在所作用的社会关系中形成与发展起来的。社会关系本身并不是

---

① 《马克思恩格斯选集》第1卷,北京:人民出版社1995年版,第79页。
② 《马克思恩格斯选集》第4卷,北京:人民出版社1995年版,第580页。
③ 《马克思恩格斯文集》第1卷,北京:人民出版社2009年版,第163页。
④ 《马克思恩格斯文集》第9卷,北京:人民出版社2009年版,第550页。
⑤ 《马克思恩格斯选集》第1卷,北京:人民出版社1995年版,第60页。

单独的存在,是人在生产劳动中的内生体现,而不是单纯的人或事物的关系判定。进一步而言,生产劳动在人的社会关系形成中发挥了核心作用,对个人发展起到决定性的意义与作用。总结起来,"个人怎样表现自己的生命,他们自己就是怎样。因此,他们是什么样的,这同他们的生产劳动是一致的,既和他们生产什么一致,又和他们怎样生产一致"①。其次,劳动是实现人的全面发展的重要途径。只有提高人的全方面劳动能力才能使人能够适应工种的变化,从而创造出更多的劳动财富,才能将人的自主性、主动性、创造性、先进性等全面发展起来。

二、中国特色社会主义劳动观

劳动观是中国特色社会主义教育思想的重要组成,为当代大学生进行劳动教育提供了世界观、价值观与方法论。党的十一届三中全会以来,邓小平、江泽民、胡锦涛等对劳动观进行了一系列重要论述。党的十八大以来,习近平总书记提出了"人民创造历史,劳动开创未来""尊重劳动、尊重知识、尊重人才、尊重创造""充分发挥青年的创造精神,勇于开拓实践,勇于探索真理""社会主义是干出来的,新时代也是干出来的"等理念。中国特色社会主义劳动观是马克思主义劳动观的重要组成部分,它深深扎根于中国沃土,具有中国特色、中国气质与中国风骨,是马克思主义劳动观与时俱进、守正创新的最新成果。

(一) 劳动实践观

实践是主观见之于客观的物质性活动,具有直接现实性的特征。劳动实践观是指人类在改造客观世界时的观点看法。在不同历史条件下,劳动实践观的表现受到社会生产力的限制。简言之,检验真理的标准是社会实践。中国共产党一贯坚持正确的社会主义劳动实践观,强化正确的劳动实践意识,在全社会树立正确的劳动观。劳动实践观主要有以下几方面内容。一是劳动人民是物质财富与精神财富的创造者,是社会进步的重要推动力量。在党的八大上,毛泽东指出,"群众有伟大的创造力。中国人民中间,实在有成千成万的'诸葛亮'",必须动员人民群众,把力量组织起来,"成为一支劳动大军"。② 党的十八大报告也指出,尊重劳动是"四个尊重"的核心,是实现尊重知识、尊重人才、尊重创造的首要前提。二是有效保证劳动者的发展权益。党的十八大以来,从"精准脱贫""三次分配"到"共同富裕",这无一不体现了中国共产党对劳动人民的获得感、幸福感与满意感的尊重,让劳动者共同享受到国家发展改革的成果,让劳动者成为国家进步

---

① 《马克思恩格斯选集》第 1 卷,北京:人民出版社 1995 年版,第 519—520 页。
② 《毛泽东选集》第 3 卷,北京:人民出版社 1991 年版,第 933 页。

的主人。诚如习近平总书记所强调的:"国家建设是全体人民共同的事业,国家发展过程也是全体人民共享成果的过程。"①三是在社会实践中,我们尊重创新的核心主导作用,发挥创新技术、创新思维、创新人才的重要作用。其中,"大众创业,万众创新"观念呼吁广大群众加入创新队伍;新发展理念的"创新、协调、绿色、开放、共享"中"创新"占据领头羊位置。通过一步步的创新驱动发展战略,中国在逐步走进创新性国家前列。四是"社会主义是干出来的"。"全面建成小康社会,进而建成富强民主文明和谐的社会主义现代化国家,根本上靠劳动、靠劳动者创造。"②党的十九大报告也提出,"营造劳动光荣的社会风尚""弘扬劳模精神和工匠精神"。③总体而言,只有劳动实践才能创造中国人民的美好未来。

(二) 劳动价值观

劳动价值观是人们关于劳动的看法与观点的集成表达,包括劳动的态度情感、价值意义、目的结果等。习近平总书记关于"劳动最光荣、劳动最崇高、劳动最伟大、劳动最美丽"的重要论述是对中国特色社会主义劳动价值观的最好概括。

1. 劳动最光荣

"劳动最光荣"是中国特色社会主义劳动价值观的重要内容。其一,尊重劳动者是"劳动最光荣"的前提,也是实现中国人民美好生活的关键所在。其二,实现国家富强、人民富裕是中国特色社会主义的应有之义,也是"劳动最光荣"的实现目标。其三,"实现我们的奋斗目标,开创我们的美好未来,必须紧紧依靠人民、始终为了人民,必须依靠辛勤劳动、诚实劳动、创造性劳动。"④

2. 劳动最崇高

"劳动最崇高"是劳动地位的最新价值凝练。一是依靠人民,这是劳动的价值源泉。伟大的中国人民通过劳动塑造了中国的辉煌历史与进步文明,也成就了新时代中国的灿烂景象。二是劳动具有强大的内在驱动力量。坚守劳动的伟大特性,是锻造新时代中国人民的必然要求。要发挥"劳动最崇高"的示范引领作用,为实现人民的美好生活提供不竭创造动力。

3. 劳动最伟大

"劳动最伟大"是劳动作用的核心呈现。当前,实现全体人民的共同富裕要依靠全体中国人民的共同努力。只有通过劳动才能进一步解放与发展生产力,促使

---

① 习近平:《在庆祝"五一"国际劳动节暨表彰全国劳动模范和先进工作者大会上的讲话》,北京:人民出版社 2015 年版,第 7 页。

② 习近平:《在庆祝"五一"国际劳动节暨表彰全国劳动模范和先进工作者大会上的讲话》,北京:人民出版社 2015 年版,第 2 页。

③ 中共中央党史和文献研究院编:《十九大以来重要文献选编(上)》,北京:中央文献出版社 2019 年版,第 22 页。

④ 习近平:《习近平谈治国理政》第 1 卷,北京:外文出版社 2018 年版,第 44 页。

广大民众坚定不移走好共同富裕的发展之路。我国还处于社会主义发展的初级阶段，实现中华民族伟大复兴的道路任重而道远，需要我们国家的每一个人都要付出自己的辛勤劳动。从钱学森、袁隆平、许振超，再到中国天眼、"墨子号"、中国"天宫"等，这无一不体现了"劳动最伟大"。只有把握"劳动最伟大"，才能在劳动中塑造自身的优良品德，通过脚踏实地的劳动，不断推动社会主义现代化国家建设。它不是口号，而是历史和现实的明证，是广大劳动群众的最深切的历史信仰。

4．劳动最美丽

"劳动最美丽"是实现奋斗目标的最好答案。从马克思的"劳动创造了人本身"到习近平总书记强调"劳动是人类的本质活动"，这都是对"劳动最美丽"的本源表述。人生最壮丽的底色在于"劳动最美丽"，国家最强大的实力也在于"劳动最美丽"。党的十八大以来，中国人民通过"劳动最美丽"成就了新时代"强起来"的伟大飞跃。

总而言之，通过"劳动最光荣、劳动最崇高、劳动最伟大、劳动最美丽"，可以汇聚起社会发展的强大力量，为实现中华民族伟大复兴提供坚强价值引领。

（三）劳动教育观

马克思主义认为，劳动是实现人的全面发展的重要途径。"教育与劳动生产相结合"，从而才能培养德智体美劳全面发展的时代新人。劳动教育观就是关于通过劳动来实现人的全面发展的基本观点与看法的总和。毛泽东认为，"社会主义提高劳动生产率靠技术加政治"，"提高劳动生产率，一靠物质技术，二靠文化教育，三靠政治思想工作。后两者都是精神作用"。[1] 因而，劳动"教育必须为无产阶级政治服务，必须同生产劳动相结合"[2]。邓小平深刻强调："为了培养社会主义建设需要的合格的人才，我们必须认真研究在新的条件下，如何更好地贯彻教育与生产劳动相结合的方针。"[3]发挥劳动教育观在人才培养方面的重要作用，这是实现社会主义劳动教育的根本路径。

"要教育孩子们从小热爱劳动、热爱创造，通过劳动和创造播种希望、收获果实，也通过劳动和创造磨炼意志、提高自己。"[4]对于劳动教育的目的，"劳"是五育教育的重要内容。当前，五育并举、协同育人是党和国家高度重视劳动教育的重要原则，有助于养成学生崇尚劳动、尊重劳动的价值导向。具体而言，一是全面构建劳动认知体系，突出劳动教育的思想性，使学生牢固树立劳动最光荣、劳动最崇高、劳动最伟大、劳动最美丽的观念；二是培养高尚的劳动情感，使学生形成对劳动的

---

① 中共中央文献研究室编：《毛泽东文集》第 8 卷，北京：人民出版社 1999 年版，第 124—125 页。

② 中共中央文献研究室编：《建国以来重要文献选编》第 19 册，北京：中央文献出版社 1998 年版，第68 页。

③ 邓小平：《邓小平文选》第 2 卷，北京：人民出版社 1994 年版，第 107 页。

④ 习近平：《在庆祝"五一"国际劳动节暨表彰全国劳动模范和先进工作者大会上的讲话》，北京：人民出版社 2015 年版，第 5 页。

情感认同,懂得"一切劳动,无论是体力劳动还是脑力劳动,都值得尊重和鼓励;一切创造,无论是个人创造还是集体创造,也都值得尊重和鼓励";三是培育优秀的劳动意志品质,充分发挥劳动意志品质的调控作用,激发学生热爱劳动、自觉自愿从事劳动实践的热情,从而在日常生活的实践中锤炼劳动意志品质;四是使学生掌握劳动技能,形成良好的劳动行为习惯,形成协同育人格局,建立日常化、规范化、多样化的系统劳动教育形式。

三、当代大学生应树立正确的劳动观

"青年兴则国家兴,青年强则国家强。"大学生是党的事业接力者、民族复兴生力军,其理想信念、价值观念、意志品质事关在伟大斗争中青年一代能否担当大任,事关在"两个一百年"圆梦征程上民族精神能否赓续不断、代代传承的问题。大学生的劳动教育要以习近平新时代中国特色社会主义思想为指导,落实立德树人根本任务,把握育人导向,遵循教育规律,培养出为人民大众劳动、为党为国家奉献的新青年。

(一)崇尚"奋斗的青春最美丽"

任何一门课程、一个阶段的学习和自主学习、终身学习、创造性学习习惯的养成都离不开劳动精神的涵育与影响。"精益求精"的工匠态度、工匠品质,"争创一流""勇于创新"的劳模精神、劳模追求,中华民族自古以来传承弘扬的奋斗精神,等等,都潜移默化地影响着大学生的学习意识、学习态度和学习积极性。因此,大学生的劳动观教育不能把学习和劳动对立起来,而是在二者相辅相成、相互促进的过程中,引导学生深刻认识"奋斗的青春最美丽",让奋斗精神贯穿课堂学习、课下生活和校内外勤工助学、实习实训、实践锻炼、志愿服务的全过程,使学生始终满怀积极向上的人生态度,保持正能量的生命状态。立足于党和国家对大学生的成长发展期待、大学生的学习工作生活实际,大学生的"劳动精神"首先体现在学习上的奋发有为。

学习上的奋发有为、工作中的奋勇担当、生活中的奋斗不息,是青春最美丽的色彩,也是劳动精神在新时代大学生身上的生动展现。劳动观决定劳动态度,劳动态度影响劳动者的精神面貌。通过劳动教育,有助于大学生养成踏实、勤奋、严谨的劳动品质,使其在劳动实践中成长、成才。作为进入社会前的最后一站,大学的劳动教育可以帮助青年学生正本清源,反求诸己,思考如何才能紧跟时代,夯实基础,服务社会,真正成为社会主义事业的建设者和接班人。

(二)明晰"马克思主义劳动观最美丽"

2016年4月26日,习近平总书记在知识分子、劳动模范、青年代表座谈会上明确:"梦想属于每一个人,广大劳动群众要敢想敢干、敢于追梦。"①唯有树立马克思

---

① 习近平:《在知识分子、劳动模范、青年代表座谈会上的讲话》,北京:人民出版社2016年版,第9页。

主义劳动观,大学生才知道劳动为了谁、是什么和怎样实践。大学生要以为人民服务、为集体奉献、为祖国贡献为荣,以在"大我"壮大发展的过程中展现"小我"的智慧力量、成就"小我"的价值梦想为追求;以劳动为乐,在劳动中发展和改造自身,不断确证和强化人的本质力量;同时注重劳逸结合,利用好闲暇时间,在闲暇时间中自我占有、自我成就、自我实现。合抱之木生于毫末,九层之台起于垒土,千里之行始于足下。任何的理想梦想、认识学识都要源于实践、指导实践,在真实的奋斗、点滴的努力中接近、实现和强化、巩固。除此之外,新时代大学生劳动教育,就是要着眼新时代发展的特点,结合大学生思想观念的实际情况,依托大学的教育资源,和社会密切合作,引领大学生努力劳动、艰苦奋斗,深刻理解"空谈误国、实干兴邦"的道理,树立通过劳动中的知行合一实现真正幸福的人生观。

(三) 坚持"根扎在劳动人民之中"

人民创造历史,劳动开创未来。劳动教育可以使大学生更加坚定社会主义信念。劳动是中国人民的本色,习近平总书记指出:"在我们社会主义国家,一切劳动,无论是体力劳动还是脑力劳动,都值得尊重和鼓励;一切创造,无论是个人创造还是集体创造,也都值得尊重和鼓励。"[①]在中国特色社会主义制度下,劳动者主体通过劳动实现物质文明和精神文明的进步,获得自由与发展,也必将通过劳动实现中华民族的伟大复兴。新时代意味着新发展,但是社会主义的内核不能丢,中国共产党的优良传统不能变。

习近平总书记指出:"必须牢固树立劳动最光荣、劳动最崇高、劳动最伟大、劳动最美丽的观念。"[②]社会主义的大学培养的是社会主义建设者和接班人,大学生不仅要在德智体美上成为优秀的时代新人和未来实现中华民族伟大复兴中国梦的主力军,而且必须从劳动中体验生活的本质,了解社会责任,明确奋斗方向。新时代大学生要在劳动中展现精神面貌,在劳动中修正价值取向,在劳动中提高技能水平,为实现美好生活给自己定目标、加任务、压担子。

(四) 坚信"在平凡中造就不平凡最美丽"

劳动可以是在风云际会时的登高一呼,扶大厦之将倾,也可以是静好岁月时的爱岗敬业,倾尽心血与汗水;它既体现在造福千秋万代的伟大工程中,又表现为好学实干、爱国爱家的点滴努力。劳动没有高低贵贱、职业没有等级差别、劳动者也没有上下尊卑,这不是马克思主义劳动观的"乌托邦"构想,而是中国特色社会主义的现实图景。马克思说:"历史承认那些为共同目标劳动因而自己变得高尚的人是

---

① 习近平:《在庆祝"五一"国际劳动节暨表彰全国劳动模范和先进工作者大会上的讲话》,北京:人民出版社 2015 年版,第 5 页。

② 习近平:《习近平谈治国理政》第 1 卷,北京:外文出版社 2018 年版,第 46 页。

伟大人物,经验赞美那些为大多数人带来幸福的人是最幸福的人。"①劳动是平凡之中的幸福,是人的价值的最高体现。2022年6月8日下午,习近平总书记来到宜宾学院,实地考察高校毕业生就业工作。面对即将走出校门、走进社会的青年学子,总书记话语谆谆:"要弘扬社会主义核心价值观,努力做到德智体美劳全面发展。劳动最光荣,我们的幸福生活是靠劳动创造的,一夜暴富、一夜成名是不现实的。大学生就业要怀着一颗平实之心,综合考虑自身条件和社会需求,防止高不成、低不就。"当代大学生要怀"平实之心"在物质世界中保持内心的平静,以劳动奋斗的精神将自身理想与国家理想紧密结合,实现最高的人生价值。

2019年9月29日,习近平总书记在国家勋章和国家荣誉称号颁授仪式上强调:"一切伟大成就都是接续奋斗的结果,一切伟大事业都需要在继往开来中推进。新时代必将是大有可为的时代。全党全国各族人民要像英雄模范那样坚守、像英雄模范那样奋斗,共同谱写新时代人民共和国的壮丽凯歌!"②当代大学生应不畏艰难、百折不挠、敢于担当,在劳动中增阅历、长才干、坚意志、熟技能、知荣辱、懂感恩,为美好的未来做好思想、信念、人格、品质上的准备,以劳动托起中国梦!

本章复习思考题

1. 什么是劳动?劳动的特征是什么?

2. 伴随人类社会进步,智能劳动与其他劳动的区别在哪里?

3. 马克思主义劳动价值观的内涵是什么?它与中国特色社会主义劳动价值观之间是何种关系?

拓 展 阅 读

时代楷模黄大年

黄大年,中共党员,著名地球物理学家、国家"千人计划"入选专家、"863计划"资源环境技术领域主题专家组专家,曾担任国家"千人计划"专家联谊会第三届执委会副会长,吉林大学新兴交叉学部部长、地球探测科学与技术学院特

---

① 《马克思恩格斯全集》第40卷,北京:人民出版社1982年版,第7页。
② 中共中央党史和文献研究院编:《十九大以来重要文献选编(中)》,北京:中央文献出版社2021年版,第222页。

黄大年

聘教授、博士生导师。2017年1月8日因病医治无效在长春逝世，终年58岁。

黄大年在国外学习工作期间，一直关注祖国的发展变化，经常回国交流讲学。他在英国从事海洋和航空快速移动平台高精度地球微重力和磁力场探测技术开发，带领的研发团队长期被作为跟踪和赶超的主要对象。2009年，他毅然放弃国外优越的科研和生活条件，回国担任吉林大学地球探测科学与技术学院全职教授，成为东北地区第一位"千人计划"归国者。

黄大年回国后，先后筹划和组建了吉林大学移动平台探测技术研发中心和吉林大学海洋油气资源研究中心，将多学科优势资源整合到国家急需的陆地和海洋资源勘探领域中。同时他成为国家"863计划""航空探测装备主题项目"和"地球深部探测关键仪器装备研制与实验项目"的首席科学家，获得科研经费支持累计近5亿元，是当时"千人计划"专家科研项目中获得国家财政支持力度最大的。"航空探测装备主题项目"在短期内突破国外严格禁运和技术封锁瓶颈，用5年时间完成了西方发达国家20多年走过的艰难路程，填补了我国空白，对国防安全建设和深地资源勘探具有支撑作用和重要意义。作为国家"地球深部探测关键仪器装备研制与实验项目"的负责人，他凝聚和引领400多名中国高校和中国科学院的优秀科技人员，取得了一系列重大成果，使我国成为继俄罗斯之后第二个具备万米大陆科学钻探技术能力的国家。专家组在成果验收时一致认为，该项目表明中国重要探测装备技术研发获得重大突破，进入国际先进行列。

黄大年在任硕士、博士研究生导师期间，指导了44名研究生(其中18名为博士生)，其中获得省部级以上奖项就有14人。他治学严谨、关心学生，默默资助生活困难的学生，热心帮助患重病的学生家长解决治疗问题，并多次担任国家"千人计划"、教育部"长江学者奖励计划"评审专家，为国家引进和培育高端人才提供服务。

　　黄大年为了尽快缩小所研究领域国内外差距，惜时不惜命，经常工作到凌晨两三点钟，几乎没有休过寒暑假、周末和节假日。平均每年出差130多天，最多的一年出差160余天。他出差开会经常选择最晚班飞机往返，以节省更多时间精力用于科研和教学，患病前曾3次累倒在工作岗位上。即使是在住院治疗期间，他也始终心系工作，每天在病房中与团队师生研究项目，工作到生命的最后一息。

　　黄大年同志无论是在读书求学、国外工作还是归国任教期间，始终把祖国的富强和民族的振兴，作为矢志不移的追求目标，为实现科技报国的理想忘我奉献、鞠躬尽瘁。2017年5月22日，中央宣传部向全社会公开宣传发布"践行社会主义核心价值观的优秀知识分子"黄大年的先进事迹，追授黄大年同志"时代楷模"荣誉称号。习近平总书记对黄大年同志先进事迹作出重要指示强调，黄大年同志秉持科技报国理想，把为祖国富强、民族振兴、人民幸福贡献力量作为毕生追求，为我国教育科研事业作出了突出贡献，他的先进事迹感人肺腑。我们要以黄大年同志为榜样，学习他心有大我、至诚报国的爱国情怀，学习他教书育人、敢为人先的敬业精神，学习他淡泊名利、甘于奉献的高尚情操，把爱国之情、报国之志融入祖国改革发展的伟大事业之中、融入人民创造历史的伟大奋斗之中，从自己做起，从本职岗位做起，为实现"两个一百年"奋斗目标、实现中华民族伟大复兴的中国梦贡献智慧和力量。

思考题

1. 根据故事内容思考，黄大年的职业生涯规划具有什么劳动观？
2. 如何理解黄大年作为战略科学家服务国家的战略价值？
3. 作为新时代青年，你将如何处理"大我"与"小我"的关系？

第三章 劳动精神、劳模精神与工匠精神

新时代的劳动精神、劳模精神、工匠精神是在中国共产党领导下，劳动群众以劳动创造财富、创造幸福生活的价值取向和折射。新时代青年大学生要坚持马克思主义劳动观，传承中华民族优良的劳动文化，以习近平新时代中国特色社会主义思想为引领，自觉学习，大力弘扬新时代的劳动精神、劳模精神和工匠精神，奋力成长为社会主义事业的建设者和接班人。

第一节 劳 动 精 神

新时代劳动精神建立在马克思劳动观的理论基石上，孕育于中华民族优秀传统文化，形成于中国人民的伟大社会历史实践中，丰富和发展于中国特色社会主义新时代。它是民族精神和时代精神的生动体现，是实现国家繁荣、民族强盛、人民幸福的强大精神动力。

一、劳动精神概述

（一）劳动精神的含义与特性

劳动精神是广大劳动人民在劳动过程中秉持的劳动观念、价值理念，以及展现出来的劳动态度、精神风貌，具有深厚的历史性、包容性和丰富的实践性。

1. 人类的劳动特性是劳动精神的根本逻辑

劳动创造人类，"自由的有意识的活动恰恰就是人的类特性"。这是马克思早期对人的本质的认识，而"自由的有意识的活动"，即劳动，是一切人所共有的一般本质，是确证人之为人的关键因素。恩格斯详尽描述了人猿相揖别的过程，阐释了劳动是这个过程中最重要的推动力量。劳动发展人类，人类通过物质资料生产的劳动形成一定社会生产关系之中的人。马克思以劳动为切口，深刻剖析资本主义经济运行规律；从分析劳动二重性开始，系统阐明政治经济学基本原理。同时，马

克思在经过漫长的思想苦旅之后,找到了实现人的解放的根本路径就是劳动。一方面,劳动的本质属性决定了作为劳动主体的人的解放具有必然性;另一方面,劳动为人的解放创造了现实条件。随着人类社会劳动生产力水平的提高,人的自由全面发展是必然的、是合乎人类社会发展规律的。

2. 中华优秀传统文化是劳动精神的文化逻辑

中华优秀传统文化深深地滋养了劳动精神。首先,勤劳是中华民族的传统美德。早在春秋时期,便有"民生在勤,勤则不匮"的箴言;东晋陶渊明曾发出"人生归有道,衣食固其端。孰是都不营,而以求自安?"的诘问;民间亦有"富贵本无根,尽从勤里得"的谚语。这些诗歌谚语凸显了劳动在人的生存和发展中的重要性,表达了尊重劳动、崇尚劳动的文化传统。其次,以天下苍生为使命是中国传统劳动思想的价值追求。在中国神话故事中,女娲耗费心血炼石补天,大禹治水三过家门而不入,后羿射日救民于炙烤之中,神农尝百草以身试毒,等等,这些无不彰显着无私奉献、舍己为人的精神品格,成为中国传统劳动精神的价值来源。最后,讴歌劳动人民是中国传统劳动思想的重要内容。"民惟邦本,本固邦宁"凸显的是劳动人民在江山社稷、治国理政中的重要性,体现出以劳动人民为本的思想,是中华民族劳动精神的文化基因。

3. 中国共产党领导下的人民群众的劳动创造是劳动精神的实践逻辑

中国共产党的百年史也是一部带领劳动大众劳动创造、自力更生、艰苦奋斗的伟大历史。土地革命时期,中国共产党在革命根据地开展打土豪、分田地的革命斗争,极大地激发了农民的耕作热情,解除了制约生产力发展的桎梏。抗日战争时期,中国共产党领导抗日根据地人民掀起热火朝天的大生产运动,为化解根据地供需矛盾、赢得抗日战争的胜利奠定了坚实的物质基础。解放战争时期,中国共产党在解放区实行土地改革,使农民翻身获得解放,极大地提高了劳动农民的生产积极性和革命热情,在劳动人民中树立了"劳动光荣、劳动致富"的劳动观念。新中国成立后,在中国共产党的领导下,工人阶级和广大农民以高度的主人翁责任感和当家作主的地位,在自己的岗位上勤勤恳恳、艰苦创业,以"老黄牛"精神丰富着劳动精神的内涵。改革开放以来,尊重知识、尊重人才的良好发展环境,极大地激励了知识分子和脑力劳动者全身心地投入社会主义现代化建设,"尊重劳动、尊重知识、尊重人才、尊重创造"成为改革开放以来的时代最强音。正是中国共产党领导劳动创造,赓续中华民族的劳动精神,才实现了国家从"站起来""富起来"到"强起来"的成就。

（二）新时代劳动精神的内涵

党的十八大以来,中国特色社会主义建设和改革发展焕然一新,赋予劳动精神新时代的内涵。

1. 崇尚劳动

这是倾向理想信念的问题。习近平总书记指出："必须牢固树立劳动最光荣、劳动最崇高、劳动最伟大、劳动最美丽的观念,让全体人民进一步焕发劳动热情、释放创造潜能,通过劳动创造更加美好的生活。"[①]这为认识和坚定新时代劳动精神提供了遵循。劳动最光荣,是整个社会对劳动者的价值创造过程的充分肯定和赞扬,由此在劳动中产生的满足感是人的自我价值和社会价值的高度融合。劳动最崇高,是对劳动的提倡和崇尚,是对劳动价值的高度肯定,激励人们坚定劳动的信念。劳动最伟大,是对劳动精神的升华和高度解读。劳动最美丽,说明劳动是创造美好生活、展现美的活动,并能让劳动者从中感受美、发现美,为建设美丽中国添砖加瓦,贡献出自己的力量。崇尚劳动让每一位劳动者坚定相信,只有通过劳动才可以改变人生、通过劳动才可以获得幸福、通过劳动才可以创造未来,从而自觉地投入无限的奋斗之中。

2. 热爱劳动

这是涉及心态,以及由此形成的劳动习惯的问题。习近平总书记指出："要通过各种措施和方式,教育引导广大青年牢固树立热爱劳动的思想、牢固养成热爱劳动的习惯。"[②]热爱一词表明主体对客体爱之程度很深。热爱劳动是劳动主体对自己所从事的岗位和事业从内而外散发出来的喜爱之情,使劳动者乐于主动劳动、承担劳动任务、持续投入劳动且无怨言。只有真正打心底里热爱劳动,才能有干劲儿,才能充分发挥主观能动性,真正做到为人民、社会和国家劳动,实现自我价值与社会价值的有机统一。实现共同富裕是社会主义的本质要求,也只有人人都热爱劳动才能实现共同富裕。

3. 辛勤劳动

这是涉及劳动付出力度的问题。千帆竞发、百舸争流,人世间的一切幸福都是要靠辛勤的劳动来创造的。从中国共产党建立初期,到中华人民共和国的建立,再到改革开放,每一个阶段的奇迹和成就都是靠党领导人民辛勤劳动实现的。中国特色社会主义进入了新时代,更需要亿万中华儿女坚定科学信念、坚持辛勤劳动才能再次书写瞩目的成就。

4. 诚实劳动

这是涉及品质的问题。劳动既是个体的行为,也是全社会成员的集体实践。改革开放以来,人民的生活水平有了显著的提高,中国特色社会主义市场经济实现腾飞,同时,法治是市场经济良序运行的重要保障,建立以道德为支撑、法律为保障的社会信用体系,是规范市场秩序的治本之策。而增强市场主体的诚信意识,才能

---

① 《习近平在同全国劳动模范代表座谈时的讲话》,新华社 2013 年 4 月 28 日电。
② 《习近平在乌鲁木齐接见劳动模范和先进工作者、先进人物代表 向全国广大劳动者致以"五一"节问候》,新华社 2014 年 4 月 30 日电。

够真正做到诚信做人、诚实劳动。诚实劳动的品质体现着人们对和谐平等无欺诈的劳动关系的需要,有助于转变投机取巧的浮躁之风、好大喜功的浮夸之风,从而提高劳动者的技术水平和职业操守,净化社会风气,进一步提高产品的质量,促进社会主义市场的有序发展。

(三) 新时代弘扬劳动精神的重要性

新时代劳动精神是激励全国各族人民团结奋斗、勇往直前的强大精神力量,对实现"两个百年"目标、全面建设社会主义现代化强国和实现中华民族伟大复兴的中国梦意义深远。

1. 全面建设社会主义现代化强国的使命诉求

劳动是助推社会发展的引擎,是通往美好未来的阶梯。党的二十大报告提出以中国式现代化全面推进中华民族伟大复兴,全面建设社会主义现代化强国的新征程已经开启。这呼唤不怕苦、不怕累的孺子牛精神,呼唤敢为人先、开拓进取的创新性劳动精神。而科技强国,需要在劳动精神的号召下,锻造一支知识型、技能型、创新型劳动者大军,积极发挥主力军作用,撸起袖子加油干,推动我国实现科技自立自强,解决"卡脖子"的技术难题。

2. 弘扬社会主义核心价值观的实践要求

以崇尚劳动、尊重劳动者为表征的劳动精神是中华民族精神财富的重要组成部分,是培育和践行社会主义核心价值观的应有之义,是全社会每个人的精神底色。新时代,随着科技和社会的急速发展,劳动形式等发生了巨大的变化,劳动范畴的丰富化、经济主体的多元化、利益诉求的多元化,更需要大力弘扬劳动精神,端正人们对劳动的认知,培养劳动最光荣的品质,塑造脚踏实地的社会风气,从而推进社会主义精神文明建设。

3. 贯彻落实以人民为中心的发展理念的重要支撑

以人民为中心的发展理念贯穿习近平治国理政的思想和实践,是马克思主义价值观的时代彰显,是中国共产党的最高价值遵循,是推进中国式现代化的根本原则。劳动精神坚持以人民为中心的价值导向,奉行"发展依靠人民,发展为了人民,发展成果由人民共享"的理念,体现了劳动主体与劳动目的的有机统一。

4. 实现党和民族复兴伟业后继有人的关键举措

面对百年未有之大变局和中华民族伟大复兴大任,培育富有劳动精神的时代新人是党之大计、国之大计,因此在全社会尤其是学校教育中培育和弘扬劳动精神显得非常关键、迫切。

二、新时代大学生劳动精神的培育

新时代大学生的劳动精神培育,不是喊口号,而是需要使大学生作为劳动精神传承和弘扬的主体,在观念上、成长上、行动上真正地展现出主体性、积极性和创造性,展现劳动之美、唱响劳动者之歌。

1. 树立科学的劳动观念

科学的劳动观念就是要继承马克思主义劳动观,树立中国特色社会主义劳动价值观。具体来说,一是要养成崇尚劳动、尊重劳动的人生态度。大学生要深刻认识到,在中国特色社会主义的初级阶段,劳动既是劳动者谋生的手段,也是实现国家富强、人民幸福的根本途径。要摒弃好吃懒做、不劳而获、一夜暴富的投机心理,克服挑肥拣瘦、拈轻怕重的错误行为,自觉树立起热爱劳动、吃苦耐劳、不懈奋斗的劳动精神。二是要养成尊重劳动者、承认劳动者的处事态度。劳动者是伟大的、可敬的,整个社会要高扬劳动光荣的旗帜,这并不单指"体力劳动光荣",而是包括所有的劳动,这也正是马克思主义劳动观的基本意蕴。对一切劳动者劳动人格的尊重、对劳动者劳动权益的保护、对劳动者劳动成果的珍惜,让劳动者真切感受到创造者的体面与荣耀。三是要滋养劳动奉献的态度。赞扬乐于奉献、无私奉献,从自己做起,倡导在个人奋斗的同时去实现社会价值,把自身的前途命运同国家、民族的命运紧密相连,用劳动和创造的双手为社会创造财富,坚守岗位、鞠躬尽瘁,积极参与社会义务劳动,为人民提供服务,为国家建设添砖加瓦,用智慧和力量把中国梦的美好蓝图变成现实。

2. 大力弘扬优秀的劳动文化

劳动本身具有鲜明的文化属性,蕴含了社会主义核心价值观的思想内容,是中华传统文化活的灵魂。大学生要有深厚的家国情怀,为培育劳动精神的文化土壤增添力量,成为劳动文化的传承者、实践者、推动者,把对劳动精神的继承与实践和弘扬中华民族传统劳动文化相结合,以推动劳动文化的创造性转化和创新性发展,厚植劳动精神文化根基,大力发扬孺子牛、拓荒牛、老黄牛精神,营造出勤俭、奋斗、创新、奉献的劳动文化氛围。

3. 重视自我劳动教育

"教育与生产劳动相结合"是马克思主义关于人的全面发展学说的重要内涵,也是大学生自我劳动教育的基本遵循。苏霍姆林斯基认为,在一个人身上,体力和智力活动有机结合的劳动,能提高人的智力和体力发展的程度、道德和美学修养的程度。大学生应自觉地将理论知识的习得、技术的获得与劳动直接相联系,经常在实际的劳动和实践过程中把这些知识的教育性、规律性充分地揭示出来,把劳动精神培育融入学习全程,将知识提升与价值观成长相结合。自我劳动教育一是将个人的幸福与劳动精神培育相统一。把劳动观念、劳动意识、劳动价值的塑造作为自己自由自觉的、改造世界的,以及能带来崇高感和幸福感的实践活动。二是将专业理论学习与劳动知识技能习得相统一。大学生要学懂弄通本专业劳动知识的应用规律,掌握新知识、新技术、新工艺、新方法,夯实知识根基,提高从事创新性劳动的自信心和底气。三是将劳动实践与劳动价值体验相统一。劳动精神培育的关键环节在于劳动实践,即通过深入开展各类劳动实践活动,在实践中形成劳动认知、认同,内化劳动价值。

4. 在劳动实践中成就自己

劳动实践是大学生成长成才过程中的重要一环,大学生要把劳动实践作为锤炼劳动态度、价值,弘扬劳动精神的重要路径和方法。大学生在劳动实践中要做到以下三点。一是努力提升劳动素养,紧跟经济全球化、产业全球化、科技全球化发展步伐,学会生存、学会实践、学会合作、学会创造,不断提升自身劳动素养。二是成长为专业性的劳动人才,将劳动精神的弘扬与新时代人才素质培养紧密结合,找准劳动精神弘扬与人才培养的结合点,根据自身专业特点找准劳动精神弘扬的切入点,实现自身成长与劳动精神的有机融合。三是勇于创造。新时代大学生要融入时代发展主流,在学习掌握基本科学知识的基础上,在劳动实践中发挥聪明才智,发扬创造思维、创造精神,锤炼吃苦耐劳、攻克难关的斗争意志,开拓新思路、新办法,成长为新时代创新创造的生力军、劳动创造的核心和中坚力量。

第二节　劳　模　精　神

一、劳模精神概述

(一) 劳模及劳模精神的含义

劳动模范(简称劳模)是党和政府授予在我国经济建设、政治建设、文化建设、社会建设、生态文明建设和党的建设等方面作出突出贡献,取得显著成绩的劳动者的一种崇高荣誉称号。

劳模精神是通过劳模行为体现的,并通过劳模表彰得到承认的,劳模在社会实践中所展现的价值观念、道德风范、精神风貌、行为准则等。劳模精神是无形的资产,是一笔宝贵的精神财富,是引领和带动广大劳动者执着向上、勤勉工作、努力拼搏的精神力量。

(二) 新时代劳模精神的内涵

党的十八大以来,习近平总书记对进一步在全社会大力弘扬劳模精神提出了许多新思想、新观点、新论断、新要求,为新时代弘扬劳模精神提供了科学理论指引和根本思想遵循。2013 年 4 月 28 日,习近平总书记在全国总工会机关同全国劳动模范代表座谈时指出:"劳动模范是民族的精英、人民的楷模。长期以来,广大劳模以平凡的劳动创造了不平凡的业绩,铸就了'爱岗敬业、争创一流,艰苦奋斗、勇于创新,淡泊名利、甘于奉献'的劳模精神,丰富了民族精神和时代精神的内涵,是我们极为宝贵的精神财富。"这一讲话赞扬了工人阶级的历史功绩,肯定了劳模的卓越贡献,精辟地阐明了劳模精神的特质,强调了弘扬劳模精神的重要价值。

1. 爱岗敬业、争创一流

爱岗敬业就是在热爱本职岗位的基础上,以严肃认真的态度对待自己的工作,以忘我的精神投身于自己的事业。争创一流是劳动者的价值追求,就是争取创造名列前茅的工作成绩或业绩,或者说争取成为最好的、第一等的人才。它体现为一种奋发进取的精神风貌,是一种追求最优的目标导向,可以内化为每个人的内在动力之源。爱岗敬业、争创一流体现了新时代积极的劳动态度,体现了广大劳模恪尽职守、创先争优的职业道德及高度的历史使命感、责任感。爱岗敬业、争创一流有以下几点具体要求。

第一,具有强烈的主人翁责任感。责任是每一个公民作为社会的人应有的价值观,体现为对自己、对家庭、对集体、对国家承担并履行一定的责任。"天下兴亡,匹夫有责"是中华民族的优良传统,"先天下之忧而忧,后天下之乐而乐"是体现在中华民族无数志士仁人身上的强烈的责任意识、忧患意识。责任感带来全面发展,有理想、有道德、有文化、有纪律的"四有"劳动者,通过履行责任来彰显、升华自身,使自己的劳动潜能得到充分的挖掘和激发。

第二,保持对工作岗位的热爱和专一。干一行、爱一行,尊重自己的岗位职责。虽然岗位职责有轻重之分,权力有大小之别,但是劳模精神体现为对工作的热爱之情无差别。劳动者对所在岗位的热爱之情,使自身有职业归属感、使命感、成就感、幸福感,把这份职业当作事业来对待和追求。

第三,具备过硬的业务素质。认真学习岗位所需的业务知识,不断钻研工作的新思路、新方法、新技术;结合岗位职责要求,开阔眼界,扩大知识面,做到一专多能,成为胜任本职工作的行家里手。面对日新月异的科技发展和激烈的国际国内市场竞争,需要树立终身学习的理念,注重改善知识结构,并影响和带动周围同事共同学习,向他们传授技艺,使工作场所变成互相学习和提升整体素质的学习型阵地,造就更多技能高超的领军人才。

第四,设立高标准的工作目标。争创一流就是要在起点上追求更高目标、求新求变,实现从行动到思维的跳跃,在工作中上水平、出成绩是争创一流的前提和基本条件。争创一流必然要求劳动者朝着既定目标,始终保持昂扬向上、奋发有为的良好精神状态,增强信心,自豪不自满,昂扬不张扬,克服"娇""骄"二气,迎难而上,破难而进,从而创造出一流的工作业绩。在新时代,我们每个人要有争创一流的魄力,为成功想办法,不为失败找借口,不断激发动力、活力和勇气,走在前列,干出成效,做出新亮点。

第五，保持积极的进取心。进取心是主体积极进取的勇气和动力来源，是识别环境、认清自己，做到"知人者智，自知者明"的精气神，它催动劳动者不断历练自己、淬炼自己。其具体表现为：一是有远大的理想，并使其成为鞭策自身前进的动力，今天人们的进取心来自实现社会主义现代化强国的决心、对共产主义的憧憬和对自身完善的追求；二是不满足现状，总希望更高、更好、更完美，准确定位自身，并努力去追求卓越；三是把毅力和进取心结合，让顽强的毅力成为勇敢前进、走向成功的保障。有进取心，才会百折不挠，有想干事、能干事、干成事的行动和结果。

2. 艰苦奋斗、勇于创新

艰苦奋斗是指为实现既定的目标而勇于克服艰难困苦，始终保持顽强斗志，坚韧不拔、奋发图强的精神和品质。勇于创新，就是要超常规，敢于突破老规矩，敢于打破旧框框，敢于接受新事物，创造性地建立新机制、制定新思路、采取新方法、取得新成绩。艰苦奋斗、勇于创新凸显了新时代良好的劳动习惯，体现了广大劳模吃苦耐劳、坚忍不拔的作风，强烈的开拓意识和与时俱进的时代禀赋。艰苦奋斗、勇于创新有以下几点具体要求。

一是永葆艰苦奋斗的政治本色。艰苦奋斗是中国共产党的优良作风和政治本色。在中国革命即将取得胜利之际，毛泽东在党的七届二中全会上指出"务必使同志们继续地保持艰苦奋斗的作风"。2019年，习近平总书记在参加十三届全国人大二次会议内蒙古代表团审议时强调，"过去我们党靠艰苦奋斗、勤俭节约不断成就伟业，现在我们仍然要用这样的思想来指导工作。不论我们国家发展到什么水平，不论人民生活改善到什么地步，艰苦奋斗、勤俭节约的思想永远不能丢"，进一步明确了新时代发扬艰苦奋斗优良传统的政治要求。

二是增强吃苦耐劳的意识。在华夏文明五千年的历史长河中，艰苦奋斗精神使中华民族长盛不衰、饱经风霜而不败。任何理想的实现、事业的成功，都离不开艰苦奋斗，正如千淘万漉虽辛苦，吹尽狂沙始到金，凡是能够成就事业、报效祖国、成才有所作为的，都是发扬了艰苦奋斗精神的。越是条件艰苦、困难繁多，越能磨炼人的意志，越能培养吃苦耐劳、坚忍不拔的品格和作风。越想要提高自己的能力，就越要到艰苦环境中去，越要到工作第一线去，越要担负艰巨的任务，在现实的风浪中经受锻炼和考验，自觉培养艰苦奋斗精神。

三是保持昂扬奋进的锐气。一个国家要发展，一个民族要振兴，任何时候都离不开锐气和力量。中国共产党百年奋斗史上形成的井冈山精神、长征精神、延安精神等精神谱系，艰苦奋斗就是其核心内容，昂扬奋进的锐气是其鲜明写照。中国共产党正是靠艰苦奋斗成长壮大、成就伟业的，正是靠勤俭节约发展事业、建设国家的。立足新时代，我们正处在一个励精图治、奋发有为的年代，需要一往无前的锐气和干劲，为党和人民的事业贡献自己的一份力量。

　　四是发扬吃苦在前、享受在后的作风。艰苦奋斗是民族意识、国家行为和人类精神价值,关系到中华民族的伟大复兴,要求统筹人与自然和谐发展,处理好经济建设、人口增长与资源利用、生态环境保护的关系,推动整个社会走上生产发展、生活富裕、生态良好的文明发展道路。发扬艰苦奋斗精神,就要坚持勤俭建国、勤俭办一切事业的方针,作计划、办事情,都要注意精打细算,真正把有限的资金和资源用在刀刃上。坚决反对铺张浪费和大手大脚,抵制拜金主义、享乐主义和奢靡之风,坚决摒弃那种讲排场、比阔气的作风。

　　五是提升创新力。创新是人类特有的认识能力和实践能力,是人类主观能动性的高级表现形式,是一种存在形式和一个存在空间的一次结合。当某一存在形式第一次具体到某一空间的时候,创新就实现了,表现为发现、发明、创造、前进,是超脱、超升、超越,是标新立异、别出心裁、与众不同、独树一帜、敢为天下先。创新是民族进步的灵魂、经济竞争的核心。创新能力按主体而言,最常提及的有国家创新能力、区域创新能力、企业创新能力等,个体的创新力是国家、社会创新力的组成单元。提升创新力就是塑造求异、求新、求特、求奇、求变的创新思维,从而激发兴趣和好奇心,保持深入思考和探究的热情,在实践中不断培育创造意识。

　　六是培养创新勇气。创新也意味着风险,需要勇气。要敢想、敢干、敢闯,敢于创新,敢于开拓,敢于承担责任,敢于说真话,敢于坚持原则,敢于实事求是。中华传统文化蕴含的自强不息、英勇顽强的刚健精神,就是在创新与进步中涵养的历久弥新、愈挫愈勇、愈挫愈奋的强大力量。一个人想要成就一番事业,不但会遭受挫折,而且会遇到各种困难、艰辛和风浪,习近平总书记在党的二十大报告中指出"要敢于斗争、善于斗争",这是对新时代开拓创新的鼓励。事实证明,成功者都是奋勇者。

　　七是善抓机遇。机遇指的是在事物的发展过程中并非必定出现,但一经出现就可能改变事物现存状态的事件和条件,一般指有利的、好的甚至最佳的条件。机遇能否出现,在什么时间、什么地点出现,以什么方式出现,都是不完全确定的,机遇并不总是存在和不变的。机会是给有准备的人的,所以要勤奋进取,为迎接机遇打好基础。

　　八是执着追求。执着即力量,是创新的第一要义。如果一个人执着于他的事业,那么他便有了创新的可能。执着是一种非凡的意志力,是面对反复失败不气馁最终获得成功的重要法宝。人们常说"失败乃成功之母"。这就表明,成功前的所有失败,都是成功的必经过程,都是成功的先导,在失败的过程中要积极地吸取教训、积累经验,为成功寻求方法和思路。

　　3. 淡泊名利、甘于奉献

　　淡泊名利就是超脱世俗的诱惑和困扰,豁达而客观地看待名声与利益,锤炼遵规守矩的高尚品格,做到以平实之心脚踏实地地专心干事,干出成绩,干出成功。

甘于奉献指心甘情愿地为他人、为社会、为国家服务,不计较个人得失地劳动,是公民在处理个人与他人、与集体、与社会关系时应具有的品质和重要规范,它贯穿社会公德、职业道德、家庭美德、个人品德等优良道德品质,真实地反映出道德自身的特质。淡泊名利、甘于奉献表现了新时代优良的劳动品德,广大劳模任劳任怨、不计得失的模范行动,反映了工人阶级的价值取向和大公无私、不怕牺牲的高尚情操。习近平总书记号召以黄大年同志为榜样,"学习他淡泊名利、甘于奉献的高尚情操"。这既是对黄大年先进事迹的高度肯定,也是对广大人民群众的期望。淡泊名利、甘于奉献有以下几点具体要求。

一是以平静之心对待自己。马克思主义哲学认为,现实的具体的人同时具有自然属性和社会属性,是二者的统一体。从自然属性来看,人的生命的存在和延续是有需求的,有些需求是必须要满足的,如衣食住行等。但同时"个人是社会存在物",实现需求和欲望的途径和手段要符合社会法则,这体现了人的社会属性的一面。我们要做到有机统一人的"两重性",保持高尚的人格和淡泊的心境,常修为政之德,常思贪欲之害,常怀律己之心,自觉做到公道正派、清正廉洁、勤奋进取。

二是要以平实之心处事。平实就是平易朴实、平和严实、平稳踏实之意。平实之心就是去掉浮躁之心、骄傲之气,涵养平和之气,淡然处之。面对各种诱惑,有平实之心,才能做到脚踏实地、勤奋进取,才能取得大的成就,才能在建立新时代伟大事业时实现人生理想。

三是要以平常之心对待名利。保持一颗平常心,修身养性,树立正确的名利观,做到能上能下、能进能退,能经受住名利的诱惑、得失的考验,踏踏实实为国家和人民做贡献。

四是做到恪尽职守。甘于奉献就是要把本职工作干好,默默付出,不要陷入"小事不想干、大事干不好"的怪圈。工作中要一步一个脚印,步步经得起考验,不能拈轻怕重,要扎扎实实做好自己所承担的工作,把工作看成锻炼的机会,勇于承担,努力完成。

五是积极奉献。奉献必须有所准备,思想动力是前提,知识能力准备是条件,劳动付出准备是关键。社会上每个人都承担着一定的社会责任,认真履行这些责任是奉献的基础。在社会上奉献不仅要心甘情愿地付出,还要保持一种谦恭的态度。奉献精神长期存在,并超越地区和单位,对国家和社会持续发挥作用,促进国家的稳定、社会的和谐,甚至能促成划时代的变革。

(三)新时代弘扬劳模精神的重要性

1. 实现中华民族伟大复兴的必然要求

当前,我国正处在以中国式现代化推进中华民族伟大复兴的时代,全国人民为实现社会主义现代化强国而努力奋斗。这是前无古人的伟大事业,需要靠精神力量来引领,劳模精神是时代旗帜。这需要在全社会大力弘扬劳模精神,把一切积极因素都调动起来,为实现共同目标而不懈奋斗,为创造幸福生活和美好未来凝聚磅礴的力量。

2. 坚持全心全意依靠劳动大众的有力保证

我国劳动群众在中国共产党的领导下,与祖国同命运,与时代同步伐,以高度负责的主人翁精神,积极投身于社会主义伟大事业,为我国的建设、改革、发展和现代化事业作出了不可磨灭的历史性贡献。全社会大力弘扬劳模精神,可以此引导广大劳动人民充分认识到自身利益与企业利益、国家利益息息相关,使其以主人翁姿态建功立业,用实际行动当好时代先锋和行动楷模,主动适应科学技术日新月异的新形势,由此造就一支宏大的高素质劳动者队伍,为实现中华民族伟大复兴的中国梦提供强大人才支撑。

3. 发展社会主义先进生产力的客观需要

广大劳动群众是先进生产力的践行者,是推进我国先进生产力发展的坚实力量,是社会物质财富和精神财富的主要创造者,促进了中国特色社会主义的发展。在全社会大力弘扬劳模精神,可以此感召劳动者、激励劳动者、启迪劳动者,引导广大劳动群众增强大局意识、责任意识、创新意识,勤奋学习、锐意进取,自觉掌握新知识、增强新技能,争做高素质的优秀劳动者,为中国特色社会主义先进生产力的建设发展奠定基础。

二、新时代大学生践行新时代劳模精神的途径

1. 紧紧跟随党的伟大事业

党的二十大指出:"从现在起,中国共产党的中心任务就是团结带领全国各族人民全面建成社会主义现代化强国、实现第二个百年奋斗目标,以中国式现代化全面推进中华民族伟大复兴。"青年大学生要响应号召,遵循党的指引方向,贯彻党的基本路线和方略,遵守国家法律、法规,锐意进取,廉洁奉献,勤奋工作,做到明大理、识大体、顾大局。

2. 坚持与时俱进、守正创新

新时代大学生应坚持面向一线、面向经济建设主战场、面向社会发展需求和国家召唤,顺应时代发展要求,学习劳模融入大众,更好地领跑新时代;在今后的工作中爱岗敬业、竭诚奉献,钻研科技、精通业务,诚信经营、科学管理,创先争优成为先进劳动者。在改革开放和现代化建设事业中大学生应解放思想、实事求是,自信自强,守正创新争创一流成绩。

3. 提高自身素质

新时代大学生应加强自身学习,追求进步,不断体现自身先进性,努力做贯彻

落实习近平新时代中国特色社会主义思想的模范、推动改革发展的模范、建设社会主义现代化强国的模范、践行社会主义核心价值观的模范，为国家经济建设和社会发展不断作出新贡献。大学生要以自己的实际行动做出表率，做传帮带的模范，影响和带动周围的人，用自己的精神力量，以点带面，共同推动经济社会高质量向前发展；要强化自我学习，要具备顽强的学习精神，善于学习、意志坚定、不怕困难，才能出色发挥内在潜力，做出更大的成绩和新的贡献。

4. 发挥带头示范作用

学习劳模、争做劳模，不仅是为了将劳模精神转化为更大的学习动力和创新力量，更是为了弘扬劳模精神，这实质上是在提倡一种精神追求，确立一种价值导向，引领良好的社会风尚。新时代大学生要充分发挥示范和导向作用，以劳模的先进思想和高尚情操影响和带动周边人，激励民众把聪明才智全面展示出来，把积极性、创造性充分发挥出来。

5. 融入比、学、赶、帮、超的良好氛围

宏伟的事业，要有伟大的精神力量支撑，一个劳模就是一面旗帜，一批劳模就会形成一股强大的力量。中国共产党集中智慧，擘画了中华民族伟大复兴的蓝图。青年大学生要旗帜鲜明地弘扬劳模精神，坚定不移地宣扬劳模价值，让劳模的价值内核得到充分彰显，特别是要把劳模的感人事迹、突出贡献、精神风貌和优秀品格，如春风化雨般地送进朋辈和社会群众的心田，使其生根发芽，开花结果，发扬光大，在社会中营造爱护劳模、尊重劳模、依靠劳模、学赶劳模的浓厚氛围，激发可持续发展的合力。

第三节　工匠精神

工匠精神是中华儿女宝贵的精神财富，是新时代的精神指引，是中国共产党人精神谱系的重要组成部分。2017 年，习近平总书记在中国共产党第十九次全国代表大会上的报告中指出，要建立知识型、技能型和创新型劳动者大军，注重工匠精神的弘扬。中国工匠精神的传承、提升、丰富和发展，对中华民族的伟大复兴和社会主义现代化强国建设具有深远意义。

一、工匠精神概述

（一）工匠及工匠精神的含义

"工匠"一词由来已久。《说文解字》："工，巧饰也。"《说文·匚部》中提到"匠，木工也"。《考工记》中记载"国有六职，百工与居一焉"，体现了工匠在当时社会中的重要地位。在中国古代"工匠"一词主要是指有手艺的劳动者，譬如在《歧路灯》

中提到的木工、土工等，在文本中泛指能工巧匠。《辞海》："工，匠也。凡执艺事成器物以利用者，皆谓之工。"由此看来，工匠就是指具有一技之长的手工业劳动群体，在工作中全力以赴完成工作并力求达到极致，形成自身独特的品质。

工匠精神是劳动者态度、操守、品质、人格的具体表现，有狭义和广义之分。狭义的工匠精神特指专业领域中的劳动者在工作中表现出的专注态度，广义的工匠精神是人们在日常生活中坚持追求自我发展、积极对待生活的态度。在 2020 年召开的全国劳动模范和先进工作者表彰大会上，习近平总书记精辟概括了工匠精神的内涵是执着专注、精益求精、一丝不苟、追求卓越。由此可见，工匠精神是劳动精神的重要组成部分，也是劳动精神的升华。相较于劳动精神所具有的综合性、包容性和丰富性，工匠精神更具独特性和品质性，其主体是身处平凡岗位却追求不凡的劳动者，他们追求工匠精神的过程，既是对技艺追求至善至美的过程，也是对人格淬炼的过程。

（二）中国工匠精神的发展沿革

1. 中国古代工匠精神

中国五千年的文明历史不仅为我们留下了辉煌的文化，也促成了"道技合一"的古代工匠精神的形成。古代工匠精神一是重视技艺，工匠刻苦学艺，提高自身能力。二是追求精益求精，《诗经》"如切如磋，如琢如磨"在赞扬君子温润美好品德的同时，也侧面展现了工匠在玉石、骨器加工中一丝不苟的态度，这体现了古代工匠的精神品质。三是讲求道，其一方面是指师道传统，尊敬师父；另一方面是指工匠敬重上天、神灵，有参悟天道规律的精神。中国古代各种行业能工巧匠辈出，在天文地理上有制造浑天仪、地动仪的张衡，在建筑方面有修建赵州桥的李春，在医学方面有撰写《本草纲目》的李时珍，等等。因为这些能工巧匠，中国还有堪称世界八大奇迹之一的秦始皇陵兵马俑、三星堆遗址，以及唐三彩等。中国京剧、中国书法、中国武术等文化也影响着一代又一代中国人。这些都体现了古代工匠对职业的忠诚，并赋予了这些作品以中国特色，使其流传至今，享誉世界。古代工匠的精湛技艺不仅为中国留下了珍贵的文化遗传，也为后继技术人才的培养，以及职业教育的发展提供了实践经验。

2. 中国近代工匠精神

第一次世界工业革命后，由于以手工劳动为基础的中国个体手工业技术水平不高，加之当时清朝政府以"天朝大国"自居，未及时对世界发展形势作出判断与积极应对，西方工业化产品大量涌入中国，冲击中国手工业市场。但工匠群体并未消失，工匠依旧在工作中兢兢业业做事，用精湛的技艺打造产品。无论是散落在民间的理发师、修鞋匠还是个体工商业、民营企业中的工匠，他们都不断提高技艺水平，用自己的手艺创造与发展品牌。近代工匠精神在企业发展中具有重要作用，中华老字号和百年老店在今天依旧存在并展现出强大的企业生命力,这是近代工匠精神发展的重要见证。例如同仁堂、六必居酱园、张一元茶庄等,这些产品与品牌传承了古老的工艺,具有深厚的工匠文化底蕴。近代中国品牌展现了中国工匠追求卓越、执着专注的匠人品质。

3. 中国现当代工匠精神

在中国共产党领导下,现当代工匠精神在政府与社会的大力弘扬下呈现良好的发展态势。工匠精神在新中国成立以后的科学技术事业中发挥了巨大作用,正是默默耕耘的大国工匠推动了我国国防事业和科技事业的发展,增强了我国自主建立强国的力量与信心。如面对严峻的国际形势和帝国主义的威胁,在百废待兴时,我国成功研制"两弹一星"。"两弹一星"的研发与发射过程中的每一环节都凝结着工匠精神,这些成就的背后无不体现出科学家们的吃苦耐劳、攻关克难、创新等精神,这也是工匠精神的体现。近年来我国经济发展结构不断优化,工匠精神中精益求精、追求卓越等品质为解决目前我国面临的产品问题与经济结构问题提供了支撑。2015 年,国务院印发了《中国制造 2025》文件,规划我国将由中国制造走向中国创造,由重视速度转为注重质量,建立属于自己的"中国品牌"。2016 年政府工作报告与 2017 年十九大报告强调弘扬劳模精神和工匠精神,把日臻完美、追求卓越的精神注入劳动实践当中,注重产品质量,培育精湛工艺,打造自己的品牌,创造更多有国际竞争力的优质产品,推动中国制造、中国创造走出去、走得远、走得好。步入互联网、信息化时代,在政府政策的引导下,工匠精神成为时代创新和劳动创造不可或缺的重要精神。

（三）新时代工匠精神的内涵

新时代工匠精神是对古代传统工匠精神的传承,由新时代劳动大众所践行。在 2020 年召开的全国劳动模范和先进工作者表彰大会上,习近平总书记精辟概括了工匠精神的内涵是执着专注、精益求精、一丝不苟、追求卓越,这是对工匠精湛技艺、卓越匠心、爱岗奉献、不断创新、执着坚守等品质的高度凝练。

1. 执着专注

古人云:"心心在一艺,其艺必工;心心在一职,其职必举。"这折射出了工匠执着专注的特质,反映了累累硕果源于工匠的智慧与汗水的事实。新时代工匠对工作对象的专注专一,是开拓与创新的基石和底气,更意味着工匠对高品质产品的尊崇与追求。执着专注就是保持专注专一,扎扎实实朝着既定的目标迈进,不断突破自己成长的空间,以专注之心成就一番事业;具有注重细节的工作态度,兢兢业业、一丝不苟,注重精雕细琢,打磨产品的细微之处,把好细节关,把智慧与时间凝聚到一项工作中,不断刻苦钻研、深入研究,反复琢磨与试验,融会贯通,努力提升自己的技艺,将自己的产品打造成精品,把工作做成专业,使自己成为行业中的行家里手,成为专业中的专家,在出色地完成专业任务中体现人生价值。

2. 精益求精

《诗经》把对骨器、象牙、玉石的加工形象地描述为"如切如磋""如琢如磨",这正如新时代工匠精益求精的品质。新时代工匠精神具有融合爱岗、乐业、精业与敬业品质的特征,以追求产品质量、打造一流的优质品牌为核心目标。工匠热爱自身岗位,将岗位、职业作为生存和良好发展的重要保障,将其视为人类社会存在和发展的需要。因此工匠在自身工作中通过认真学习本行业的专业知识与方法,掌握过硬的本领来提升技艺水平并达到精通自身行业业务的效果。工匠对岗位具有敬畏之心,严守职业道德要求,保持脚踏实地、精益求精的工作态度与价值取向。精益求精的态度远远超过知识与能力,它代表着工匠的匠心,是爱岗敬业的核心元素,不仅指工匠具有的爱岗、敬业、乐业、勤业、精业品质,更是指将这种精神品质付诸自身职业中的工作实践方式及评价标准,是对自身技艺不断磨炼的过程。

3. 一丝不苟

一丝不苟是工匠对待工作一点也不马虎、做事极其认真的优秀品质,表现为精于工、匠于心、品于行的综合素质。它要求工匠把心尽到、把力尽到、把责尽到,抛开一切浮躁之心,毫无杂念地开动脑筋,开拓思维,以高标准、严要求考量自己的工作;在实际操作中总是全力以赴并主动完成、坚持到底,追求极致的精气神。工匠们要做到一丝不苟,一是不断提高技能,永远没有止境;二是对产品的打造力求更好,注重产品质量,竭力做到产品无瑕疵;三是追求完美,倡导专注、尚巧和极致,这在本质上体现了创造性,因此工匠精神成就伟大作品的诞生。我国要实现成为世界制造强国的战略目标,必须在全社会大力弘扬一丝不苟的工匠精神,实现由"重量"到"重质"的突围,为高质量发展夯实基础。

4. 追求卓越

追求高超、不平凡是工匠的价值观。因此,工匠做的不再是最简单的操作、最基本的工作,而是把在技术上不断突破自己作为职业目标,将自身工作置于整个行业发展中,将两者结合起来,完成新的突破、新的超越。追求卓越体现工匠的创新精神,不同的工匠有不同的创新之处。创新是工匠充分发挥主观能动性的体现,由此工匠在所从事的工作中实现新突破,甚至能够精简工作流程、打破技术壁垒等。工匠以其永不懈怠的跨越精神、刻苦认真的钻研精神、求巧求新的创新精神、奋发有为的拼搏精神等品质,带动整个行业追求高质量、高品质的服务与产品。如今飞速进步的时代给工匠提出了新的挑战,而他们以时不我待的紧迫感、主动担当的责任感,砥砺前行,勤奋工作,解决了在建设、生产过程中遇到的一个个困难和挑战,同时,不断攀上新高峰,跃上新高度,体验新常态。当今世界科技创新已然成为各个行业的核心竞争力。在我国,"大众创新,万众创业"深入人心,创新成为工匠的价值目标与追求,成为各行业常态,也是各行业超常发展的关键。社会主义现代化强国建设拥有核心技术尤其重要,使中国制造成为中国质造,追求卓越的工匠创新至关重要。

二、新时代大学生铸造工匠精神的途径

(一) 做尽忠职守、报效祖国的建设者

工匠精神的实践内涵与爱国主义的价值指向具有耦合性,践行工匠精神一定饱含着爱国主义信仰、强烈的报效祖国的历史使命感和责任感。青年大学生要传承中华民族的优秀传统文化,树牢家国情怀,在爱岗敬业中追求自身发展和实现个人价值,以行动诠释工匠精神中"尽忠职守,报效祖国"这一基本要义,着眼民族复兴、国家富强和民生福祉,自觉成长为社会主义事业的建设者和接班人,成为现代化强国建设者的示范和表率。

(二) 做崇尚科学、坚持真理的追求者

科学是一种在历史上起推动作用的、革命的力量,追求未知和真理是人类理智的本能欲求,也是科学的崇高使命。新时代中国工匠精神内在地要求新型工匠尊重理性,积极进行科学探索活动,以客观世界中的真理性认识作为前提和理论指导,将理性求真和崇尚科学的工匠精神落实于实践活动中,遵循科学理念、运用科学的辩证活动思维来探寻客观对象内在的、本质的联系,顺利地找到事物向前发展的规律性,加深对事物本质的清晰认识,创造出多样化的高品质科技产品或科技服务,以满足人民群众现实的物质需要和美好生活需要。

(三) 做精益求精、追求卓越的实践者

新时代大学生要增强精益求精的自觉性,传承工匠们造物时的经验积累和严谨思考的优良作风。一流的技术、艺术,一定是工匠们在物质生产实践中通过刻意练习、积累大量造物经验而积淀形成的,是精益求精的态度所造就的,虽然不能成为生产力发展的决定性因素,但往往是事物成败的关键性因素。要学习工匠在任何产品研发、雕琢过程中都怀有做到极致完美的信心信念,并在每一处细节上都加以改善的态度,这就是对"精益求精、追求卓越"的践行。

(四) 做脚踏实地、持之以恒的奋斗者

在新时代,为进行新历史条件下的伟大斗争、实现中华民族伟大复兴的中国梦,"足履实地,持之以恒"的态度是必不可少的。青年大学生要做踏实肯干的奋斗者,学习工匠扛起自身职业从一而终的责任和使命,准确地观察事物构造,发掘事物的特性,遵循规范的程序和极高的标准,最后积累造物经验,不断钻研和创新;在实践中提升工作效率,在日复一日的探索与发现中不断发力,不断发现自身的不足之处,并且通过改善这些不足使自身的技术水平日益提高。

（五）做勇于创新、敢于担当的有为者

青年大学生要将工匠精神内化于心，对待工作秉持精益求精、追求卓越的态度，做到不断累积自己的经验，打磨自己的技艺，磨炼自己的心性，最终在相应的实践活动中创新创造出先进的技术或制造出优质的产品。成功往往来源于无数次的尝试或失败，要允许失败，在失败与担当中站立、反思、总结、改进，从而"日日新，又日新"，在不断的矫正与创新中提高技术技能水平，推动产品高质量发展。

本章复习思考题

1. 新时代劳动精神的内涵与特质是什么？
2. 结合所学专业谈谈大学生如何弘扬劳模精神？
3. 结合社会实践经历谈谈新时代弘扬工匠精神的价值与意义？

拓 展 阅 读

"天眼"之父南仁东

南仁东，天文学家、中国科学院国家天文台研究员。曾任 FAST 工程首席科学家兼总工程师，负责国家重大科技基础设施 500 米口径球面射电望远镜（FAST）的科学技术工作，2017 年 5 月，获得全国创新争先奖。

南仁东

FAST 是被誉为中国"天眼"的世界最大单口径射电望远镜，是具有我国自主知识产权、最灵敏的射电望远镜。它是一个涉及天文学、力学、机械、电子学等诸多领域的大科学工程，没有先例可循。它的落成启用，对我国科学前沿实现重大原创突破、加快创新驱动发展具有重要意义。正是因为这个"世界独一无二的大科学工程"，南仁东把科学家爱跟自己较劲的精神发挥到了极致。

南仁东主导提出利用我国贵州省喀斯特洼地作为望远镜台址，从论证立项到选址建设历时 22 年，主持攻克了一系列技术难题，为 FAST 重大科学工程的顺利落成发挥了关键作用，作出了重要贡献。他不计个人名利得失，长期默默无闻地奉献在科研工作第一线，与全体工程团队一起通过不懈努力，迈过重重难关，实现了中国拥有世界一流水平望远镜的梦想。

作为项目首席科学家、总工程师，南仁东负责编订 FAST 科学目标，全面指导 FAST 工程建设，并主持攻克了索疲劳、动光缆等一系列技术难题。为了解决超过国家标准 2.5 倍以上的钢索疲劳强度问题，南仁东带领团队，历时 700 多天，经历近百次失败，化解了工程建设"致命"的威胁。

2016 年 7 月 FAST 主体工程完工时，南仁东接受了央视采访。采访中，他谈到了建造 FAST 的初心——"看到别的国家都有自己的大设备，但我们国家没有，我挺想试一试。"他没有说的是他这一试就坚持了 20 多年，光是选址，就观察了上千张卫星地图，实地考察了上百个地区，花费了十多年的时间，最终挑选出现在这个地球上独一无二的最适合 FAST 的台址。

南仁东总蹲守在 FAST 实验、施工现场，因为肩上沉甸甸的责任和使命感。他说："欠了国家的、乡亲的、那么多大专院校和科研院所的，我没有退路，每一次做的例行实验，我都要在现场……"他没有说的是当年他放弃了国外的高薪工作毅然决然地回到祖国，也没有说他在六七十岁的年纪依然上钢架拧螺丝，拿扁铲削平钢材，在高空梁上打孔套丝……

2017 年 1 月在"2016 科技盛典——CCTV 科技创新人物颁奖盛典"上，刚刚做完手术的南仁东亲自来到现场。在颁奖典礼上，他感谢了很多人——"我最应该做的就是感激，荣誉来得太突然，而且太沉重，我觉得我盛名之下其实难副。这份奖励不是给我一个人的，是给一群人的。我不能忘却这 22 年艰难岁月里，贵州省四千多万各族父老乡亲和我们风雨同舟，不离不弃，感谢所有帮助过我们，帮助过 FAST 的人，谢谢谢谢！"

2016 年 9 月 25 日，FAST 落成启用。2017 年 9 月 15 日，南仁东因病逝世，享年 72 岁。南仁东老先生为人低调，就像在采访中他自我评价的一句话——"我不是一个战略大师，我是一个战术型的老工人"。

思考题：

1. 根据人物故事分析，南仁东身上的工匠精神具有怎样的价值特征？

2. 结合人物故事，谈谈当代青年在社会实践中如何有效落实工匠精神？

第四章 劳 动 能 力

第一节 劳动能力概述

培养大学生劳动能力是大学劳动教育的核心内容。劳动的开展需要劳动者具备与之相适应的劳动能力,是否具有劳动能力,以及劳动能力的状况直接影响劳动者开展劳动的结果和质量。大学劳动教育的重要目的是培养和提升大学生的劳动能力,只有具备高水平的劳动能力,大学生才能从事复杂劳动,产出与大学教育相匹配的劳动价值,才能真正成为社会主义事业的建设者和接班人,在建设社会主义现代化强国的过程中发挥重要作用。

一、劳动能力的含义

劳动能力是劳动者在改造主客观世界的活动中体现出的能够完成计划目标任务的综合性个体特征。劳动能力是人的众多能力中的一种,也是人的能力中最常见、最重要的一种能力。大学生劳动能力按照劳动能力适用条件和解决劳动问题的标准,可以分为通用劳动能力、职业劳动能力和专门劳动能力三类。通用劳动能力是大学生的一般劳动能力,是所有劳动者都具备的基础性劳动能力,如生活中的自我管理能力和人际沟通能力等。职业劳动能力是大学生需要具备的、符合将来从事职业活动要求的劳动能力,如师范生所需要具备的教师的说课、授课和班级管理等方面的能力。专门劳动能力则是大学生从事某些具有专门性、特殊性要求的劳动活动所要具备的能力,如参加讲演比赛所需要的讲演能力,参加创新创业活动所需要的方案设计和活动策划等能力。

二、大学生劳动能力的特征

大学生劳动能力具有劳动能力的一般属性,但大学生作为一个特定的群体,其劳动能力具有自身的一些独特属性。

(一)高水平和复杂性

人的劳动能力与其发展状况有密切关系。一般来说,人的发展程度越高,其劳动能力的发展程度也应该越高。大学是教育的高等阶段,大学生是经过基础教育洗礼、通过选拔的发展程度较高的学生。大学生处于发展的较高阶段,大学生的劳动能力理应达到一个相对较高的层次,这不仅是大学生发展的追求,也理应成为大学生发展的事实。另外,大学担负着为国家培养高层次人才的使命,大学的劳动教育相对基础教育阶段的劳动教育更为复杂,相应而言,大学生的劳动能力也具有复杂性,是与高水平相匹配的复杂性劳动能力。

(二) 就业要求和应用性

与中小学相比,大学在人才培养上与社会的联系更为密切,因为大学承担着为社会输送高质量人才的职责使命。与中学相比,社会对大学培养的人才无论是在数量还是质量上都有更高的要求。可以说大学是学生由学校步入社会、由学习走向工作的关键阶段,大学生是国家建设的关键力量。因此,大学生劳动能力的培养必须与社会密切接轨,必须适应社会发展的需要,要为大学生的就业做好充足的准备。说到底,大学生劳动能力的培养必须将理论与实践紧密结合,要不断强化和提升大学生劳动能力的应用性,使大学生能在就业后迅速适应工作岗位的要求。

(三) 基础性和全面性

我国的教育目的是促进学生在德、智、体、美、劳等方面全面发展,这是对马克思主义关于人全面发展的规律的遵循。能力的培养和形成是人发展的体现和反映。劳动在人的成长和发展中发挥了关键性的作用,劳动能力是人发展状况的集中反映。大学生劳动能力是大学生全面发展的基础,具体来说,要"以劳树德,以劳增智,以劳强体,以劳育美,以劳创新"[①]。大学生劳动能力不仅是其全面发展的基础,更是其全面发展的支撑,"劳动是价值之源,通过劳动教育的体验、感悟和省思,唤醒大学生对自身价值的正确认知,助其完善美好幸福的人生"[②]。由此可见大学生劳动能力是大学生在德育、智育、美育、体育和劳动教育等方面的集中反映,是需要通过所有教育才能获得和生成的能力,也是所有教育获得能力的综合和集结。

第二节　通用劳动能力

一、通用劳动能力的内涵

通用劳动能力也称一般劳动能力,指的是劳动能力中的基础能力。这种能力决定了劳动能力的广度。通过对通用劳动能力的培养和训练,劳动者能够逐步

---

① 卓晴君、徐长发:《以劳树德 以劳增智 以劳育美》,《光明日报》,2018 年 10 月 09 日 13 版。
② 郭学旺、闫世笙:《理想人格培育视域下大学生劳动教育的功能及其实现路径》,《教育探索》,2022 年第 10 期。

形成自己在劳动上的知识体系、价值理念、分析方法和认知能力，无论面对各种劳动现象还是具体劳动问题，都能够独立思考、全面分析，既能够享受到内在的愉悦又能够获得外在的认知。通用劳动能力是劳动者开展劳动活动的基础能力，形成扎实的通用劳动能力后，劳动者面临的大多数劳动实践问题都能得到有效解决。

二、大学生通用劳动能力的内容

大学生通用劳动能力具有丰富的内容，主要包括自我管理能力、时间管理能力、人际沟通能力、团队合作能力、创新能力、社会适应能力等，这些劳动能力密切关联，互融互通，彼此促进，是大学生通用劳动能力不可或缺的组成部分。

（一）自我管理能力

大学生的自我管理能力是衡量和反映自身主体性发展水平的一个重要标志，自我管理能力越强往往意味着大学生主体性发展水平越高，其劳动能力提升的空间和可能性也越高。大学生自我管理能力是指大学生依靠主观能动性，按照社会目标和要求，有意识、有目的地对自己的思想、道德、行为进行转化、控制和管理的能力。人的自我管理具有非常丰富的内涵，它包括主体的自我认识、自我计划、自我激励、自我行动和自我约束及自我控制等内容，大学生的自我管理能力，就是反映大学生在开展这些活动时的个性心理特征的能力。以自我认识为例，大学生的自我认识就是作为主体的大学生对客体自我的认识和评价。俗话说"人贵有自知之明"，大学生的自我认识能力是大学生自我管理能力的基础，只有客观的自我认识，才能为自我计划、自我激励、自我行动和自我约束等自我管理的过程和环节提供准确的依据。

（二）时间管理能力

时间对人的重要价值不必赘述，如何正确看待并有效利用时间是当代大学生提升自身劳动能力必须解决的问题，这就要求大学生具备较强的时间管理能力。时间管理是"个体在管理时间方面的稳定的、独特的所有的特征之和，表现为个体时间管理方式的动力性人格特点，由时间价值感、时间监控观和时间效能感构成"[①]，据此，大学生时间管理能力就是大学生主观能动地对自我时间进行计划安排并执行安排的能力。大学生时间管理能力是大学生通用劳动中的基础性能力，所有劳动活动都只能在一定的时空维度中展开，不能科学管理时间，大学生的所有劳动能力都不可能得到有效地展示和体现。对当代大学生来说，要提升自我的时间管理能力，首先必须珍惜时间，要充分意识到时间管理对自我发展的价值和意义。其次大学生要对自我时间进行科学、合理的规划和安排，要给自我的时间分配

---

① 张志杰等：《青少年时间管理倾向相关因素的研究》，《心理科学》，2001 年第 6 期。

制定清晰明确的目标。最后大学生要有效执行自我时间计划安排,要把握重点,严格监控并灵活调整,确保预期目标的实现。总之,提升大学生时间管理能力的目的是为了提升其时间利用的效率和效能,更好地促进大学生的自我发展。

(三) 人际沟通能力

开放性和互通性是现代社会的基本特征之一,沟通能力已经成为衡量现代人能力的重要指标。人际沟通又称为人际交往,是"个体通过语言、文字、表情或肢体动作,将相关信息传递给其他个体"[①]的过程。大学生的人际沟通能力就是大学生通过一定的载体、手段和表现形式,向他人传递信息及获取他人向自己传递信息的能力。具体而言,大学生的人际沟通能力又包含其在人际沟通上的认知、倾向和技能等内容。其中,沟通认知是大学生对自我、他人以及沟通情境做出准确理解与正确判断的能力;沟通倾向是指大学生的沟通偏好及相应的行为动力,包括沟通动机、沟通焦虑、信任和自信等心理特征;沟通技能则是指大学生的沟通行为表现能力,包括表达信息能力和接受信息能力等。

(四) 团队合作能力

个人的能力毕竟有限,要完成艰巨复杂的任务往往需要团队合作,团队合作能力是现代人的核心劳动能力之一。"合作能力是人在各种社会活动中,通过主动配合、分工合作、协商解决、协调关系,确保活动顺利开展,加深彼此之间关系的能力。"[②]大学生团队合作能力就是大学生在团队活动中培养、形成、体现和反映的上述相关能力。大学生的团队合作能力需要在各种团队合作活动中培养和提升,在共同目标的指引下,大学生们组建团队,制定方案,分工协作,在共同信念的支撑下,大家相互支持、共同奋斗,以完成预期的劳动任务。团队合作能力是现代人必须具备的核心能力之一,对大学生而言,大学生团队合作能力具有重大价值,在其学习、生活、工作中都发挥着重要作用,是影响其生存力和竞争力的关键能力之一。因此,大学应该在各类教育教学活动中,以思想教育、合作学习、创新创业等形式,构建科学的团队合作激励制度和评估机制,引导大学生形成团队合作的意识、精神、习惯和能力。

(五) 社会适应能力

人是社会性动物,人要在社会上生存就必须具备相应的社会适应能力。《辞海》:"社会适应,指个体在社会环境变化时,改变自己的观念和行为方式,以与社会环境相适应的过程。良好的社会适应能力对个体的生存和发展具有重要意义。"大学生社会适应能力是指"大学生在与其所处的社会环境的互动中,能动地学习文化

---

① 侯钧生:《西方社会学理论教程》,南开大学出版社2001年版,第317页。
② 金盛华:《社会心理学》,高等教育出版社2005年版,第13页。

知识、掌握并内化社会规范、逐渐发展自己的社会属性、合格取得特定社会成员资格、履行社会性角色、不断适应和参与社会生活的过程"①。大学生是推动社会发展的一个重要群体,提升大学生的社会适应能力对社会发展意义重大,大学生的社会适应能力越强,其个人发展及推进社会发展的潜力和可能性就越大。大学生社会适应能力具有非常丰富的内涵,譬如大学生自主学习能力、动手操作能力、融入社会能力和贡献社会的能力等,以自主学习能力为例,如果大学生不能形成有效的自主学习能力,就不可能适应社会快速发展变革对人素质能力更新的要求。

三、大学生通用劳动能力的培养

大学生通用劳动能力的培养是一项系统工程,需要各方面协同努力,无论是高校、社会、家庭还是大学生自身,都应该在大学生通用劳动能力的培养中发挥应有的作用。以高校为例,高校应该充分认识新时代大学生劳动能力培养的重要性,以构建科学的工作机制、深入挖掘课堂教学的劳动元素、发挥课外活动全方位劳动育人功能、用好创新创业主抓手、构建劳动育人共同体等②途径和方式培养和提升大学生劳动能力。但大学生通用劳动教育培养的关键主体还是大学生自己,大学生必须充分发挥自身主体性,通过各种途径不断提升自身的通用劳动能力。

(一) 学习掌握扎实的劳动知识

劳动知识的学习和掌握是培养大学生通用劳动能力的基础,不具备扎实的劳动知识,大学生的通用劳动能力不可能形成。大学生有丰富的途径学习和掌握劳动知识,如大学开设的各类课程及各类社会劳动课程资源等。需要注意的是,新时代大学生对劳动知识的学习掌握应该密切联系大学生的生活实际,将劳动知识学习与大学生生活密切融合,只有如此才能提升大学生的基本劳动素养。如在劳动知识内容中,包含劳动教育基本理论,劳动伦理、劳动保护、劳动法律、劳动就业以及劳动心理健康等科学知识,自我管理、时间管理、有效沟通等通用能力。除了劳动知识基本内容,新时代劳动教育还应结合学科专业特点,在学科专业学习与实践中有机渗透劳动教育的内容,充分利用现代信息技术,重视对新知识、新技术、新工艺、新方法的学习与运用。这些内容都与大学生未来职业发展与社会生活密切相关,都应该成为当代大学生学习并与生活融通的劳动知识。

(二) 牢固树立马克思主义劳动观

正确的劳动观决定着大学生通用劳动能力形成发展的性质和方向。对于新时

① 赵振华、杨武成、李宝玺:《大学生社会适应能力教育研究》,《教育与职业》,2015年第2期。
② 张仲豪、商大恒、张丽丽:《对大学生劳动教育几个问题的探讨》,《学校党建与思想教育》,2022年第15期。

代的中国大学生来说,要根据社会发展和劳动活动的规律,牢固树立马克思主义劳动观。马克思主义劳动观是辩证唯物的劳动观,它指出劳动是人的类本质,劳动创造了人。马克思在《1844年经济学哲学手稿》中规定了人的本质,他认为人的劳动是一种"有意识的生命活动",因为人"使自己的生命活动本身变成自己意志的和自己意识的对象"[1]。在马克思主义劳动观的指引下,遵循社会发展的规律,大学生通用劳动能力的培养才不至于出现偏差。培养大学生正确的劳动观必须认识和理解马克思主义劳动观的丰富内涵。比如关于劳动的价值,马克思主义劳动观指出人的自由全面发展通过劳动来实现,劳动促进人类的彻底解放。马克思在《哥达纲领批判》中指出:"在劳动已经不仅仅是谋生的手段,而且本身成了生活的第一需要之后;在随着个人的全面发展,他们的生产力也增长起来。而集体财富的一切源泉都充分涌流之后,只有在那个时候,才能完全超出资产阶级权利的狭隘眼界,社会才能在自己的旗帜上写上:各尽所能,按需分配!"[2]马克思主义劳动观还指出劳动是个人价值的自我实现,是衡量人生价值的尺度。马克思在《青年在选择职业时的考虑》一文中写道,"人只有为同时代人的完美、为他们的幸福而工作,自己才能达到完美","如果一个人只为自己劳动,他也许能够成为著名的学者、伟大的哲人、卓越的诗人,然而他永远不能成为完美的、真正伟大的人物"。[3]这些内容都为新时代大学生形成正确的劳动观提供了基本遵循。因此,新时代大学生要坚持马克思主义劳动观,正确认识社会主义社会劳动属性,在劳动实践中形成尊重劳动、崇尚劳动、热爱劳动、辛勤劳动、诚实劳动、创造性劳动的劳动精神。

(三)形成积极向上的劳动情感

积极向上的劳动情感是大学生开展劳动的内生动力,它对大学生劳动能力的形成及其作用的发挥起着动力作用。劳动情感是人们对劳动在认知基础上形成的内在心理体验,积极的劳动情感有利于劳动能力的培养和形成,相反,消极的劳动情感会阻碍劳动能力的培养和形成。大学生要形成积极向上的劳动情感,首先,要对劳动形成正确的认知,要深刻认识劳动对个人、群体和社会发展的重要价值和意义,要以崇尚并积极开展劳动活动为荣,以厌恶甚至逃离劳动为耻。其次,大学生还要在经常性的劳动活动中形成正向的劳动体验,在劳动付出和劳动收获的过程中去体悟劳动的价值,去感受劳动的喜悦。最后,大学生还要将劳动情感在不断的劳动实践中升华为建设社会主义的劳动信念,将个人情感转化为为国家贡献、推动社会发展和进步的毕生追求。

---

① 《马克思恩格斯选集》第1卷,人民出版社2012年版,第56页。
② 《马克思恩格斯选集》第3卷,人民出版社2012年版,第365页。
③ 《马克思恩格斯全集》第1卷,人民出版社1995年版,第459页。

（四）熟练掌握扎实的劳动技能

劳动技能是劳动知识转化为劳动能力的中介,只有熟练掌握扎实的劳动技能,大学生才能将劳动知识应用到具体的劳动实践活动中,在此基础上形成劳动能力,创造劳动价值,作出自己的劳动贡献。要提高自身的劳动技能,大学生就必须在学习、生活和生产实践中将理论与实践紧密结合,不断地磨炼自己的劳动技能,特别是要活学活用,在各种劳动活动中去学习、巩固和灵活使用各种劳动技能。在新时代社会发展的背景下,大学生必须熟练掌握各种新型劳动技能,充分发挥自身主观能动性,与社会发展全面接轨,这样才能适应社会发展的需要,才能在新时代创造大学生的劳动价值。

第三节　劳动创新能力

除了上述的劳动通用能力,大学生通用劳动能力还包括创新性劳动能力,相较于其他劳动通用能力,创新性劳动能力在大学生新时代劳动能力的培养中显得更重要,也更为迫切,这不仅是因为创新性劳动能力是大学生通用劳动能力中的高阶能力,也是因为新时代对大学生创新性劳动能力的要求更高,需求也更多。习近平总书记指出:"国际竞争新优势也越来越体现在创新能力上,谁在创新上先行一步,谁就能拥有引领发展的主动权。"[①]《中共中央　国务院关于全面加强新时代大中小学劳动教育的意见》指出,劳动教育要"适应科技发展和产业变革,针对劳动新形态,注重新兴技术支撑和社会服务新变化"。新时代对劳动者在劳动创新能力上显然有更高的要求,新时代劳动者是具备知识、技能于一身的具有创造力的劳动者,在劳动过程中不断发现新问题、提出新思想、进行新创造。因此,新时代大学生要自觉培养问题意识,锻炼思维能力,积极主动开拓进取,培养创新精神。[②]

一、劳动创新能力的内涵

在具备通用劳动能力的基础上,劳动者结合自身及社会发展的需要,充分激发和调动主观能动性,不断挑战并突破各种发展桎梏,在此过程中体现和反映出的具有充分主体性、独特性和创新性的综合素养就是劳动创新能力。劳动创新能力是劳动能力中的关键能力和高端能力,决定了劳动能力的深度。劳动创新能力是大学生全面发展积累的结果,同时也是不断促进大学生实现更高程度的全面发展的

---

① 习近平:《习近平谈治国理政》第2卷,北京:外文出版社2017年版,第203页。
② 仰和芝、齐亮、钟益兰:《新时代大学生劳动教育概论》,高等教育出版社2022年版,第123页。

重要能力。

二、大学生劳动创新能力的内容

劳动创新能力是在通用劳动能力基础之上形成的一种更为复杂、更为高级的劳动能力。劳动创新能力是劳动者充分发挥自身主观能动性,灵活选择和使用劳动方法和技能解决较复杂劳动任务的能力,在实现劳动目标和任务时往往发挥着通用劳动能力所不能发挥的关键作用。大学生身心发展已经趋于成熟,在知识储备和能力素养上均已达到一个较高的阶段,这为大学生劳动创新能力的培养打下了坚实的基础。大学也是大学生劳动创新能力培养和形成的重要阶段,大学生劳动创新能力形成的性状将对其劳动能力的发展产生重大而深远的影响。大学生劳动创新能力的组成内容较为复杂,主要由劳动自由、劳动协作和劳动创造三种劳动创新能力构成。

(一)劳动自由能力

劳动自由即自由劳动,是大学生在劳动活动中自在、自觉和自为的一种状态、过程和行动,劳动自由能力是反映大学生主体性的高端劳动能力,同时也是大学生劳动创新的基础能力。创新需要不拘一格,需要人在活动中自在并放松,人在束缚和压抑的心境和行为状态中是很难进行创造的,劳动亦是如此。大学生只有在劳动活动中培养并形成了劳动自由的能力,自主选择、灵活调整自身的劳动行为,才可能在人与自然、人与社会相互作用的复杂劳动活动中创造性地开展劳动活动。值得注意的是,大学生的劳动自由不是在劳动中率性而为甚至任性妄为,它需要大学生在长期的劳动学习和劳动实践中去累积形成,需要以大学生坚实的通用劳动能力作为支撑,需要大学生在劳动活动中的主体性得到充分激发和调动,尤其需要大学生有克服劳动困难的信心、决心和勇气。当下大学生在学业、择业和就业等方面都面临较大的压力,这对当代大学生的劳动自由能力提出了更高的要求。

(二)劳动协作能力

劳动协作是大学生在劳动活动中的沟通和互助,它是确保劳动顺利开展并取得劳动成果的重要保障。人类社会的大量劳动活动都需要劳动者之间的相互协作,这就需要劳动者具备劳动协作能力。通常而言,需要发挥劳动创新能力才能完成的劳动活动往往是具有较高复杂程度的劳动活动,这类劳动活动往往需要多人合作才能完成。"创造性劳动能力是一种相互协作的劳动能力。创造性劳动具有更强的社会属性,更强调人与人之间的协作。"[1]在今天,协作能力也是衡量现代人

---

① 万婕、朱惠蓉:《试析大学生创造性劳动能力的培养》,《学校党建与思想教育》,2022第15期。

综合素养的重要指标之一,即使是常规性的工作,也普遍需要人与人之间的紧密协作才能高效完成,而复杂程度高、难度大的工作更需要人们通力合作才可能完成。劳动协作能力是创新性劳动能力的基本构成,在新时代的社会发展背景下,脱离了协作的劳动创新几乎不可能完成。无论是学习和生活中的劳动活动,抑或是就业后的劳动活动,大多都具有较高的复杂性,这无疑对大学生的劳动协作能力提出了较高的要求。

(三) 劳动创造能力

劳动创造是大学生在劳动活动中打破传统,在劳动方式、方法、手段、内容等方面进行创新,以达到劳动目的、产生劳动价值的活动。劳动创造是劳动活动取得成功的关键因素,是大学生劳动创新能力的核心和灵魂,没有劳动创造,劳动创新能力便失去了存在的根本。劳动创造是对大学生劳动能力的最高要求,它要求大学生具有较高的劳动主体性发展水平,因为创新不可能是简单重复,循规蹈矩、墨守成规不可能带来创新。只有突破、变革才可能把握新机遇,促进新发展。无论是个人、组织,还是国家乃至整个世界,创新始终是进步的灵魂,正是在劳动中不断创新,人类文明才能由蛮荒和落后走到今天的现代与进步。大学生是最具创新条件和创新活力的群体,新时代发展的机遇和挑战赋予了大学生劳动创造的职责和使命,大学生必须在劳动活动中勇于创造、善于创造。

三、大学生劳动创新能力的培养

(一) 建立宽松的劳动教育环境

自由宽松的劳动教育环境有利于大学生创新性劳动能力的培养。瑞士心理学家皮亚杰认为,环境通过"检验——反馈机制"影响个体的认识过程,而人的认识,正是个体在与环境的交互式反馈过程中,逐渐被建构起来的。[①] 因此,劳动教育环境的营造对劳动教育的开展发挥着重要作用。具体来说,加强高校关于劳动教育的校园文化建设,有利于强化大学生的劳动意识,增强参与劳动活动的信心和勇气,这也是高校实现全方位育人的重要内容。从校园建设上来看,应充分整合资源,着力打造蕴含劳动精神的人文景观,使学校的静态实物成为传递劳动精神的重要载体,在校园文化中培养劳动教育的意识。高校可以通过打造劳动教育景观、举办劳动教育讲座、组织系统劳动实践活动等形式,积累、沉淀进而塑造起浓厚的热爱劳动、劳动光荣的校园劳动文化,使大学生在润物无声的环境中接受劳动教育。除了上述环境,在高校劳动教育中对信息技术环境也需要予以高度重视,因为当今社会已经进入信息技术高速发展的阶段,信息技术既是高校开展劳动教育不可分

---

① 皮亚杰:《皮亚杰教育论著选》,人民教育出版社 2015 年版,第 36 页。

割的外部环境,也是高校内部开展大学生劳动教育赖以依托的重要载体和形式,信息技术应该也必须全面融入高校劳动教育之中。这也告诉我们,新时代大学生劳动教育在环境建设上必须充分考虑新时代的社会发展背景。

(二)建立科学的大学生劳动教育评价机制

劳动评价在劳动教育中具有导向、激励和标准等重要功能,要培养大学生的劳动创新能力就必须充分发挥劳动评价的作用。科学的评价才能促进劳动创新能力的培养,"劳动教育效果评价应充分体现大学生在劳动教育中的体验感、获得感,做到过程性考核与结果性考核相结合、理论考核与实践考核相统一,重在考察其劳动价值观的提升和劳动素质的养成,从制度设计的维度保障大学生劳动教育的实效性。"①对大学生的劳动能力培养的评价,要"建立起类似专业课程的质量保障体系,需要在严格标准基础上,注重过程评价,以质性评价为主,以量化评价为辅,加强外部督导与内部监控,通过自我评价与外部调控相结合,促进大学实现时代新人的培养目标"②。具体而言,要构建起对大学生劳动能力培养的认知、情感和行动的三维立体评价标准体系。在认知上,要使大学生最终形成劳动对人的发展具有重要意义的理性认识;在情感上,要使大学生生成劳动的态度与取向,产生愿意劳动、主动劳动,以及热爱劳动及劳动者的情感;在行动上,要使大学生在具体的生产劳动中、自主服务与社区服务的实践中,深刻体会到劳动的辛苦与幸福,感受到当下劳动的创造性与复杂性。③

(三)搭建丰富的劳动实践平台

大学生劳动创新能力的培养建立在长期有效的劳动实践训练基础之上,这需要高校为大学生搭建丰富的劳动实践平台。习近平总书记指出,"道不可坐论,德不可空谈"。大学生劳动创新能力的培养既要奠基于理论学习,更要大学生置身于新时代环境之下,浸润于中国特色社会主义劳动实践之中,唯有如此才能使大学生知行合一,在劳动实践中去培养和提升自己的劳动创新能力。社会是人生的大舞台,每个人都要通过劳动在社会中寻找自己的位置并扮演最恰当的角色。高校必须为大学生搭建丰富的校内外劳动实践平台,让大学生劳动教育走向社会,为大学生提供施展自己才能的重要机会。高校劳动教育要开展主题教育实践活动,积极组织和推动大学生走出校园,走向社会,主动关心社会发展,关注社会问题,比如,开展以美丽乡村建设为主题的精神文明建设活动、以传承红色文化为主题的旅游基地策划活动、以帮扶关爱老人为主题的爱心活动、以考察探究为载体的科普类实践活动等,高校还可以通过深化校企合作、学城联动、产教融合等形式,创新劳动教

---

① 郭学旺、闫世笙:《理想人格培育视域下大学生劳动教育的功能及其实现路径》,《教育探索》,2022年第10期。

②③ 时伟:《高校劳动教育课程的特征、架构与实施》,《中国高教研究》,2022年第6期。

育平台,形成校内外相互促进的劳动教育实践新模式。①

(四) 强化劳动实践

学以致用是学习的基本要求,劳动教育的根本指向是劳动实践。劳动教育只是大学生劳动创新能力形成的基础和前端,而劳动实践才是大学生劳动创新能力得以形成的关键,这也是对理论与实践相结合的教育规律的基本遵循。这要求高校把劳动实践落实到学科和专业教学的具体过程中,落实到人才培养的各个环节和相关活动中,不能把劳动实践视为劳动课程的专利,而应该把劳动实践与人才培养的全员、全过程和全方位进行有效融合。创新是基于劳动实践的革新和创造,没有劳动实践活动的扎实开展,创新便犹如无源之水,要想实现创新创造,就必须不断在劳动实践中去探索和尝试。劳动创新能力的培养不仅需要大学生的劳动创新需求、创新知识和创新技能,更需要大学生的劳动创新实践。不只专门的劳动课程能提供实践机会提升大学生的劳动创新能力,大量的其他课程,特别是专业类课程更是大学生提升劳动创新能力的平台。"纸上得来终觉浅",新时代大学生要想具备劳动创新能力,必须也只能在大量的常规性劳动实践中去培养和获得。

本章复习思考题

1. 劳动能力可以分为哪几类? 具有什么特征?

2. 为什么说时间管理能力是大学生通用劳动能力中的基础性能力?

3. 结合专业实际谈谈大学生如何提高劳动创新能力?

拓 展 阅 读

孙泽洲:向更远的深空进发

孙泽洲,现任嫦娥四号探测器总设计师,曾获得光华工程科技奖青年奖、"世界航天奖"等奖项。2021 年 8 月,荣获首届航天功勋荣誉称号。

随着"嫦娥五号"成功地将月壤带回地球,人们对深空探测的热情空前高涨。说起深空探测,就不得不提及"飞月探火"的"九天揽星人"孙泽洲。

"嫦娥一号"卫星副总设计师、"嫦娥三号"探测器总设计师、"嫦娥四号"探测器总设计师、"天问一号"火星探测器总设计师……顶着诸多头衔的孙泽洲,是我国月球和深空探测航天器设计领域专家和学术带头人。

---

① 郭学旺、闫世笙:《理想人格培育视域下大学生劳动教育的功能及其实现路径》,《教育探索》,2022 年第 10 期。

孙泽洲

出身于航空航天家庭的"70后"孙泽洲，是位"航二代"。航空航天人严谨认真的工作态度，从小就对孙泽洲产生了潜移默化的影响。

2016年，嫦娥四号任务和我国首次火星探测任务正式立项，作为两个探测器的总设计师，孙泽洲开始了一面"飞月背"、一面"奔火星"的超常工作状态。为了解决一个又一个难题，他经常带领团队做试验到凌晨，早晨8点钟又开始第二波试验，最终成功实现了月球背面探测器与地球之间数据中继通信的全时覆盖。在中继通信系统搭建的"鹊桥"的支持下，"嫦娥四号"探测器成功实现了人类航天器首次月背软着陆和巡视探测。

"在研究过程中，遇到任何问题，都不要存在侥幸心理，不要将问题隐藏，更不要放弃。一定要正视问题，进而解决问题。"老师叶培建院士的教诲，孙泽洲时刻铭记于心。叶培建是"嫦娥一号"卫星的总设计师。有一次，一台机器设备运行过程中的一个参数，数值几个月都没有发生过一丝一毫的变动，突然有一天，这个数据"跳"了一下，瞬间又恢复了正常。这一异常引起了孙泽洲的重视。但几个月过去了，数据再也没有发生过任何变动。

"任何一个疑点都不能放过，任何一个问题的背后，一定是有原因的。"想起叶培建院士曾教导他的话，孙泽洲下定决心，问题不解决，誓不罢休。

将可能存在故障的部件从机器设备上拆下，运回厂家，反复进行几千次试验，尝试将问题复现，查找问题根源……听起来简单，但真正在实际操作过程中，一个难题想要得到真正解决，可能要持续几个月、半年、一年甚至更长时间。孙泽洲将这种反复尝试、持续不懈的过程，比喻成"爬山"。

路曼曼其修远兮。孙泽洲从月球起步，如今，又向更远的深空进发。2020

年 7 月,中国"天问一号"火星探测器搭乘长征五号遥四运载火箭升空,开启中国首次自主火星探测任务。我国首次火星探测任务一步实现"绕、着、巡"任务目标,这在世界上史无前例,任务难度非常大。作为"天问一号"火星探测器总设计师,孙泽洲带领团队远赴新疆戈壁、内蒙古草原进行大量外场试验,建造火星环境模拟试验设施,完成了火星进入气动防热、火星大帆面减速伞、行星际测控通信等多项关键技术攻关。

向更远的深空进发。就像孙泽洲在央视《开学第一课》栏目中给孩子们说的一样:"我相信,未来我们中国的航天员,也会登陆月球、登陆火星,登陆火星的第一个宇航员,很可能就在在座的你们之中。未来是属于你们的,同学们,加油!"

(选自 2020 年 12 月 23 日《北京日报》:《孙泽洲:向更远的深空进发》,有删改)

思考题:

有人说劳动者的天赋是其开展创新性劳动的前提条件,结合航天科学家孙泽洲的故事,谈谈你怎样看待这种观点?

第五章　劳动安全

第一节　日常生活中的劳动安全防护

一、劳动安全的内涵

广义地说,劳动安全是指在劳动过程中,为防止劳动者受到伤害或发生事故而采取的一切方法、措施等,包括思想、经验、技能准备等。从狭义上讲,劳动安全,又称职业安全,是劳动者享有的在职业劳动中人身安全获得保障、免受职业伤害的权利。劳动者劳动安全是指在生产劳动过程中,防止中毒、车祸、触电、塌陷、爆炸、火灾、坠落、机械外伤等危及劳动者人身安全的事故发生。

我国劳动安全卫生标志,左侧齿轮象征劳动、长城和中国,右侧的橄榄叶象征着和平、美满和幸福;中间的"十"字图案意在提醒人们要时刻注意劳动安全卫生工作,认真贯彻"安全第一,预防为主"的方针,以保障劳动者的安全健康。

我国劳动安全卫生标志

二、安全色和安全标志

安全标志和安全色是作业现场中最基本的元素,是劳动人员应掌握的最基础的安全知识。当危险发生时它们能够指示人们尽快逃离或者指示人们采取正确、有效、得力的措施避免或减轻伤害。国家规定的安全色有红色、黄色、蓝色、绿色四种颜色,分别用于表示禁止、警告、指令、提示。

（一）禁止标志

禁止标志就是禁止或制止人们不安全行为的标志,表示绝对不能做出被禁止的行为。其基本形式为带斜杠的圆形框,圆环和斜杠为红色,背景为白色,图形符号为黑色。

禁止吸烟	禁止烟火	禁止带火种	禁止用水灭火
禁止放置易燃物	禁止堆放	禁止启动	禁止合闸
禁止转动	禁止叉车和厂内机动车辆通行	禁止乘人	禁止靠近
禁止入内	禁止推动	禁止停留	禁止通行

常见禁止标志

常见禁止标志

（二）警告标志

警告标志是提醒人们对周围环境引起注意,以预防和避免可能发生的危险和事故的图形标志。其基本形式为黑色正三角形边框,黄色背景,黑色图案。

注意安全	当心火灾	当心爆炸	当心腐蚀
当心中毒	当心感染	当心触电	当心电缆
当心自动启动	当心机械伤人	当心塌方	当心冒顶
当心坑洞	当心落物	当心吊物	当心碰头

常见警告标志

常见警告标志

（三）指令标志

指令标志是强制人们必须遵守并做出某种动作或采取防范措施的图形标志。其基本形式是圆形边框，蓝色背景，白色图形符号。

必须戴防护眼镜	必须佩戴遮光护目镜	必须戴防尘口罩	必须戴防毒面具
必须戴护耳器	必须戴安全帽	必须戴防护帽	必须系安全带
必须穿救生衣	必须穿防护服	必须戴防护手套	必须穿防护鞋
必须洗手	必须加锁	必须接地	必须拔出插头

常见指令标志

（四）提示标志

提示标志是向人们提供某种信息（如标明安全设施或场所等）或目标所在位置与方向的图示标志。其基本形式是方形边框，绿色背景，白色图形符号及文字。

紧急出口	紧急出口	避险处	应急避难场所
可动火区	击碎板面	急救点	应急电话

常见提示标志

三、劳动防护用品的分类及使用注意事项

劳动防护用品又称个人防护用品,是指劳动者在劳动中为防御物理、化学、生物等外界因素伤害人体而穿戴和配备的各种防护用品。

(一)安全帽类

安全帽类防护用品是用以保护头部,防撞击、挤压等伤害的护具。如安全帽、一般防护帽、防尘帽、防水帽、防寒帽、防静电帽、防高温帽、防昆虫帽等。

安全帽的佩戴要符合标准,使用要符合规定。如果佩戴和使用不正确,就起不到充分的防护作用。一般应注意下列事项:

第一,使用安全帽时,首先要选择适合自己头型的安全帽。

第二,佩戴安全帽前,要仔细检查合格证、使用说明、使用期限,并调整帽后调整带使之适合自己头型尺寸,然后将帽内弹性带系牢,并调整帽衬顶端与帽壳内顶之间必须保持 20～50 mm 的空间,有了这个空间,才能形成一个能量吸收系统,使遭受的冲击力分布在头盖骨的整个面积上,减轻对头部的伤害。

第三,必须戴正安全帽,如果戴歪了,头部受到物体打击时,安全帽就不能减轻外界对头部的伤害。

第四,必须系好下颏带。如果没有系好下颏带,一旦发生坠落或物体打击,安全帽就会离开头部,这样起不到保护作用,或达不到最佳效果。

第五,安全帽在使用过程中会逐渐磨损,要经常进行外观检查。如果发现帽壳与帽衬有异常损伤、裂痕等情况,或水平垂直间距达不到标准要求的,就不能再使用,而应当更换新的安全帽。

第六,不能随意对安全帽进行拆卸或添加附件,以免影响其原有的防护性能。佩戴时一定要戴正、戴牢,不能晃动,调节好后箍,以防安全帽脱落。

第七,安全帽如果较长时间不用,则需存放在干燥通风的地方,远离热源,不受日光的直射。

第八,安全帽的使用期限:塑料的不超过两年半,玻璃钢的不超过三年,具体使用期限参考产品使用说明。

第九,严禁使用只有下颏带与帽壳连接的安全帽,也就是帽内无缓冲层的安全帽。

第十,在现场作业中,不得将安全帽脱下,搁置一旁,或当坐垫使用。在现场室内作业也要戴安全帽,特别是在室内带电作业时,更要认真戴好安全帽,因为安全帽不但可以防碰撞,而且还能起到绝缘作用。

(二)呼吸护具类

呼吸护具类防护用品是用以预防尘肺和职业病的重要护具。如防毒面具、过

滤式防毒面具、滤毒罐(盒)、防尘口罩、复式防尘口罩、过滤式防微粒口罩、长管面具等。

以常见的防毒面具为例,使用时应注意下列事项:

第一,使用防毒面具应按头型大小选用适当型号,以保持其严密性。

第二,在使用前应将口罩、导气管、滤毒罐连接后戴好,用胶塞或用手堵严滤毒罐进行呼吸,如没有空气进入面具,说明这套面具是严密的,否则应详细检查修理或更换,密封不好的面具不准使用。

第三,应根据劳动强度和作业环境空气中有害物浓度选用不同类型的防毒面具。如有害物浓度低的作业环境可选用小型滤毒罐的防毒面具。

第四,面具脏污时,可用肥皂水或 0.05% 的高锰酸钾溶液消毒,面罩使用后,应存放在干燥通风易取用的地点,不可接触油苯类油剂,还应远离热源,防止损坏。

第五,使用 10~15 米长胶管防毒面具时,胶管口应放在通风良好的上风侧。

第六,防毒面具在岗位应设专柜保管,做好交接班,严防丢失和损坏。

(三) 眼防护类

眼防护类防护用品是用以保护作业人员眼睛、面部,防止外来伤害的护具。如电焊面罩、焊接镜片及护目镜、一般眼镜、防冲击眼护具、有机防护眼镜等。

在使用防护眼镜和面罩时,应注意下列事项:

第一,必须根据防护对象的不同选择和使用防护眼镜和面罩。

第二,要选用经产品检验机构检验合格的防护眼镜和面罩。

第三,护目镜的宽窄和大小要适合使用者的脸型。

第四,镜片磨损粗糙、镜架损坏会影响操作人员的视力,应及时调换。

第五,护目镜要专人使用,防止传染眼病。

第六,焊接护目镜的滤光片和保护片要按规定作业需要选用和更换。

第七,防止重摔重压,防止坚硬的物体摩擦镜片和面罩。

(四) 防护鞋类

防护鞋类防护用品是用以保护足部免受伤害的护具。如绝缘鞋、耐酸碱靴、耐油鞋、雨鞋等。

正确的使用和保养,才能确保安全鞋发挥应有效能及保障足部健康,在使用过程中,应注意以下事项:

第一,不得擅自修改安全鞋的构造。

第二,选择合适尺码的安全鞋。

第三,正确穿着,不要拖穿(当拖鞋穿)。

第四,明确安全鞋的防护性能,不要超越其防护功能使用。如穿不具有防酸碱性的鞋子从事化学品相关操作。

第五，注意个人卫生，使用者应维持脚部及鞋履清洁干爽。

第六，定期清理安全鞋，但不应采用溶剂作清洁剂。此外，鞋底亦须经常清扫，避免积聚污垢物，因为鞋底的导电性或防静电效能会受黏附污垢物多少和褶曲情况影响。

第七，在阴凉、干爽和通风处存放。

（五）防护手套类

防护手套类防护用品是用以保护手部的护具。如耐酸碱手套、绝缘手套、电焊手套、布手套、纱手套等。

使用防护手套时，应注意下列事项：

第一，必须对工件、设备及作业情况分析之后，选择适当材料制作的、操作方便的手套，方能起到保护作用。但是对于需要精细调节的作业，戴用防护手套就不便于操作，尤其是使用钻床、铣床和传送机及具有夹挤危险的部位的操作人员，若使用手套，则有被机械缠住或夹住的危险。因此从事这些作业的人员，严格禁止使用防护手套。

第二，根据防护功能来选用。首先应明确防护对象，然后再仔细选用。如耐酸碱手套，有耐强酸（碱）的、有耐低浓度酸（碱）的，而耐低浓度酸（碱）手套不能用于接触高浓度酸（碱）。切记勿误用，以免发生意外。

第三，使用防水、耐酸碱手套前应仔细检查，观察表面是否有破损，检查的简易办法是向手套内吹口气，用手捏紧手套口，观察是否漏气。漏气则不能使用。

第四，橡胶、塑料类防护手套用后应冲洗干净、晾干，保存时避免高温，并在制品上撒上滑石粉以防粘连。

第五，绝缘手套应定期检验电绝缘性能，不符合规定的不能使用。

（六）防护服类

防护服类防护用品是用以保护职工免受劳动环境中的物理、化学因素的伤害的护具。如绝缘服、耐酸碱防护服、防 X 射线工作服、耐油防护服、防静电工作服、防化服、防火服、雨衣、防寒服等。

防护服种类很多，使用防护服时要严格遵照相关产品的使用说明，才能起到相应的防护作用。总的来讲，防护服穿戴要诀为"三紧"：领口紧，袖口紧，下摆紧。

四、用电安全与燃气安全

学生在日常生活中的劳动以家务劳动为主。其中，用电、用火（燃气）是容易发生意外安全事故的两个方面。

（一）用电安全

根据国家统计局数据显示，我国每年因触电造成的死亡人数均超过 8 000 人，掌握必要的用电常识,防止触电伤亡是减少此类安全事故的关键。

1. 安全用电常识

(1) 移动家用电器时一定要切断电源,以防触电。

(2) 发热电器必须远离易燃物品。电炉、取暖炉、电熨斗等发热电器不得直接搁在木板或杂物上,以免引起火灾。

(3) 禁止用湿手接触带电的开关;禁止用湿手拔、插电源插头;拔、插电源插头时手指不得接触插头的金属部分;不能用湿手更换电气元件或灯泡。

(4) 对于经常手拿使用的家用电器(如电吹风、电熨斗等),切忌将电线缠绕在手上使用。

(5) 对于接触人体的家用电器,如电热毯、电热帽、电热鞋、按摩仪器等,在使用前应通电试验检查,确定无漏电后再接触人体。

(6) 禁止用拖拽导线的方法来移动家用电器,禁止用拖拽导线的方法来拔插头。

(7) 使用家用电器时,应先插上不带电侧的插座,最后再合上刀闸或插上带电侧的插座;停用家用电器则相反,应先拉开带电侧刀闸或拔出带电侧插座,然后再拔出不带电侧的插座(如果需要拔出的话)。

2. 触电事故处理常识

在已发生的触电事故中,因为处置不当,造成施救人连环触电身亡的情况不在少数。由此可见,若不幸触电,第一时间采取正确的抢救措施也至关重要。

(1) 千万不要直接触碰触电者身体。在力所能及的情况下,可以先切断最近电源,使用干燥绝缘物尽快地将触电者和带电物体分开。

(2) 将触电者迅速移至通风、干燥处。如果力气不够,尽量将其体位移至仰卧,并松开其上衣和裤带。

(3) 若触电者受伤严重或状况不明,要立刻拨打120急救电话。

(二) 燃气安全

在家庭生活中,燃气已经成为我们日常生活中必不可少的生活能源。天然气在通风不良、燃烧不完全的情况下会产生一氧化碳,能使人严重中毒、昏迷。除此之外,燃气泄漏易引发爆炸事故,一旦发生将给家庭和邻居的生命及财产造成巨大损失。因此在日常生活中大家一定要注意燃气的使用安全。

1. 安全使用燃气常识

(1) "一开三关":常开厨房窗户,使用燃气后,应当关好灶具开关、灶前阀、厨房门,防止燃气泄漏。如果长时间外出还需关闭表前阀。

(2) 使用燃气要照看。防止因沸汤溢出或风吹引起灶具熄火引发燃气泄漏。

(3) 打不着火应停顿。如果连续三次打不着火,应停顿一会儿,确定燃气消散后,再重新打火。燃气多次释放,遇到明火极易燃爆。

(4) 定期检查胶管是否老化、开裂,连接处是否用卡子固定。

(5) 长时间使用燃气时一定要注意通风换气。如果厨房通风不好,在使用燃气灶后厨房内就会氧气不足,易造成一氧化碳中毒。在厨房内最好安装排风扇,使空气流通。

(6) 一定要使用符合国家标准的燃气灶具。

(7) 应注意选购带有安全熄火保护装置的燃气灶具。

2. 燃气泄漏处理常识

(1) 正确判断燃气泄漏:天然气在入户前添加了臭味剂,以便人们及时发现燃气泄漏,因此可通过闻其臭味进行判断。还可在未使用天然气的情况下,看燃气表指针是否在动,若家里安装有报警器,一旦燃气泄漏,报警器会自动报警,切记不可用明火检查泄漏。

(2) 若燃气泄漏,首先关闭燃气总阀,切断气源。同时迅速打开门窗,进行通风换气。

(3) 杜绝一切可能产生火花的行为,严禁在室内开启各种电器设备,如打电话、开关灯具、开启排气扇或抽油烟机,以及穿脱化纤衣服等。若发现邻居家燃气泄漏,应敲门告知。

(4) 迅速撤离现场,到室外拨打燃气抢修报警电话,由专业人员上门处理。

(5) 如发生人员燃气中毒的情况,应尽快使患者脱离中毒现场,让患者取侧卧位,防止因呕吐导致窒息。随后立即拨打120急救电话,说明具体情况,争取使其尽快进行治疗。

第二节　校园学习中的安全防护

一、实验室安全

实验室的安全能确保师生员工人身安全和避免学校财产损失,它包括防火、防爆、防毒、防盗、防溢水、安全使用各种仪器,还包括环境污染的避免与消除工作,以及当出现一些事故时怎样处理和自我保护。

(一) 防火

火灾对实验室构成的威胁最为严重和直接,一场严重的火灾,将对实验室的人身、财产和资料安全造成毁灭性的打击。

1. 火灾发生原因

实验室内的火灾一般来说有两种诱因。一是电器设备引起,包括保险丝失灵、仪器控制器失灵、电器继续加热而达到周围物品的燃点导致失火等。到实验室工作时,一定要清楚电源、水源总开关,以及急救箱的位置,有异常情况时,要关闭相对应的总开关,并根据情况做好相应的自我救护。二是易燃易爆物品引起的。煤气、酒精、汽油等燃料,氢气、氧气等气体,乙醚、二甲苯、丙酮、三硝基苯磺酸、松节油、苦味酸等液体,油脂、松香、硫黄、无机磷等固体,这些易燃易爆物品在一定条件下均能引起燃烧和爆炸,必须妥善安置、正确使用。

2. 预防措施

(1) 实验室内必须存放一定数量的消防器材,消防器材必须放置在便于取用的明显位置,指定专人管理,全体人员要爱护消防器材,并且按要求定期检查更换。

(2) 实验室内存放的一切易燃、易爆物品(如氢气、氮气、氧气等)必须与火源、电源保持一定距离,不得随意堆放。使用和储存易燃、易爆物品的实验室,严禁烟火。

(3) 不得乱接乱拉电线,不得超负荷用电,实验室内不得有裸露的电线头,严禁用金属丝代替保险丝,电源开关箱内不得堆放物品。

(4) 电器设备和线路、插头插座应经常检查,保持完好状态,发现可能引起火花、短路、发热和绝缘破损、老化等情况时必须通知电工进行修理。电加热器、电烤箱等设备应做到人走电断。

(5) 使用电烙铁时,要放在非燃隔热的支架上,周围不应堆放可燃物,用后立即拔下电源插头。

(6) 可燃性气体钢瓶与助燃气体钢瓶不得混合放置,各种钢瓶不得靠近热源、明火,要有防晒措施,禁止碰撞与敲击,保持油漆标志完好,专瓶专用。使用的可燃性气瓶,一般应放置在室外阴凉和空气流通的地方,用管道通入室内,氢氧和乙炔不能混放一处,要与使用的火源保持 10 m 以上的距离。所有钢瓶都必须有固定装置固定,以防倾倒。

(7) 实验室内未经批准、备案,不得使用大功率用电设备,以免超出电负荷。

(8) 严禁在楼内走廊上堆放物品,保证消防通道畅通。

3. 灭火方法

灭火的一切手段基本上围绕破坏形成燃烧的三个条件(可燃物、助燃物、点火能源)中的任何一个来进行,基本方法有隔离法、冷却法、窒息法,以及化学中断法。

实验室常用的灭火方法有:① 用水灭火;② 用沙土灭火;③ 使用灭火器。小火有时用湿手巾覆盖上,就可以使火焰熄灭。如果实验出现火情,要立即停止加热,移开可燃物,切断电源,停止通风。大火用灭火器,同时报警,如果灭火器扑灭不了,应立刻撤离,随手要将实验门关上,以免火势蔓延。

需注意的是,在火灾中,烈火不是最危险的敌人,浓烟和恐慌才是导致死亡的主要原因。出现火灾时,一定要冷静,做出正确的判断。

(1) 事先了解和熟悉建筑物的安全出口,做到心中有数,以防万一。

(2) 出现浓烟时应迅速离开,当浓烟已窜入室内时,要沿地面匍匐前进,因为地面层新鲜空气较多,不易中毒而窒息,利于逃生。逃至门口时,千万不要站立开门,避免被大量浓烟熏倒。

(3) 逃到室外走廊时,要尽量做到随手关门,如有防火门随即关上,这样可阻挡火势随人运动迅速蔓延,增加逃生的有效时间。

(4) 外逃时千万不要乘坐电梯,因为火灾发生后,电梯可能停电或失控,同时,由于"烟囱效应",电梯常常成为浓烟的流通道。

(5) 如果下层楼梯冒出浓烟,不要盲目往下逃,因为火源可能就在下层,向上逃离反而更可靠,可以到阳台、天台,找安全的地方,候机待救。

(6) 若被困于室内,应迅速打开水龙头,将所有可盛水的容器装满水,并把手巾、被单、毛毯打湿,以便随时使用。

(二) 防中毒

在实验室,尤其是化学实验室中,经常会接触到甲醇、甲醛、甲酸、过氧化氢、磷酸、硝酸、盐酸、氯仿、氢氧化钾、氢氧化钠等试剂。这些药品一般具有强刺激性、强氧化性以及强腐蚀性,它们可通过呼吸道、皮肤和消化道进入人体而引发中毒现象。

1. 中毒产生原因

(1) 接触了有毒物质或吸入了有毒气体。

(2) 对有些试剂的性质不够了解,处理不当。

(3) 制备有毒气体的装置不合规或操作不熟练。

2. 预防措施

(1) 各级各类实验室所用的化学药品必须由药品管理员统一组织购置,任何实验室和个人不得私自购置。购置剧毒类和易制毒类药品需经有关部门许可,持许可证方可购置。

(2) 化学药品要分类存放,相互作用的药品不能混放,必须隔离存放。所有药品都必须有明确的标签,贮存室和贮存柜必须保持整齐清洁。有特殊性质的药品必须按其特性要求存放。无名物、变质过期的药品要及时清理销毁。

(3) 遇火、遇潮容易燃烧或产生有毒气体的危险化学药品,不得在露天、潮湿、漏雨和低洼容易积水的地点存放;受阳光照射易燃、易爆或产生有毒气体的危险化学药品应当在阴凉通风地点存放。危险化学药品的存放区域应设置醒目的安全标志。

(4) 剧毒物品必须存放在专门的保险柜内,库房必须符合相关安全要求,必须做到妥善保管。领用剧毒物品必须经技术负责人批准,应根据使用情况领取,同时要做好使用登记和消耗记录。

（5）从事危险化学药品实验的人员应当接受相应的安全技术培训,做到熟悉所使用药品的性质,熟练掌握相应药品的操作方法。特别是使用易燃易爆、剧毒、致病性,以及有压力反应等危险性较大的危险化学药品做实验时,严禁盲目操作,必须有相关的操作规程,并以国家和行业的相应规定为标准,严格执行。

（6）实验产生的废液废物不得随意丢弃,随意排入地面、地下管道,以及任何水源,防止污染环境。实验废液废物要采取适当措施做"无害化"处理,应采用专用容器分类盛装、存放,防止渗漏、丢失造成二次污染。

（7）特殊废液、废物应统一运送,并由具有处理资质的部门统一处置。

3. 急救措施

化学药品可以通过呼吸道、皮肤或其他途径对人体造成伤害,引起中毒。如果发现有中毒现象,如咽喉灼痛、嘴唇脱色或发绀、胃部痉挛或恶心呕吐等症状,应立即停止工作,送医院急救。在等待救援期间,可采取一些急救措施:

（1）针对经呼吸道吸入中毒的情况,首先应保持呼吸道畅通,并立即向室外上风向转移,解开衣领和裤带,呼吸新鲜空气并注意保暖;对休克者应施以人工呼吸,但不要用口对口法。

（2）针对经皮肤吸收中毒的情况,应迅速脱去污染的衣服、鞋袜等,用大量流动清水冲洗 15～30 分钟,也可用温水,禁用热水;头面部受污染时,要注意眼睛的冲洗。

（3）针对误服吞咽中毒的情况,可通过催吐、洗胃、清泻等方式把有毒物快速排出体外。

（三）防爆炸

1. 爆炸发生原因

（1）仪器装置错误,在加热过程中形成密闭系统;或操作大意,使冷水流入灼热的容器。

（2）气体通路发生堵塞故障。

（3）在密闭容器里加热易挥发的有机试剂,如乙醚。

（4）减压试验时使用薄壁玻璃容器,或造成压力突变。

2. 预防措施

（1）蒸馏时,仪器系统不可完全密闭。使用气体时,应严防气体发生器或导气管堵塞。

（2）在减压蒸馏时,不可用平底或薄壁烧瓶,所用橡皮塞也不宜太小,否则易被抽入瓶内或冷凝器内,造成压力的突然变化而引起爆炸。操作完毕后,应待瓶内液体冷却到室温,小心放入空气后,再拆除仪器。

（3）对在反应过程中估计会有爆炸危险的实验,则应使用防护屏和护目镜。

（四）防烧伤

1. 烧伤发生原因

烧伤是由灼热的液体、固体、气体、化学物质或电热等引起的损伤。为了预防烧伤,实验时应严防过热的物体与身体任何部分直接接触。

2. 预防与急救

（1）稀释浓硫酸时,不能将水往浓硫酸里倒,而应将酸缓缓倒入水中,不断搅拌均匀。

（2）加热液体的试管口不能朝向自己或别人,以免烫伤。

（3）在化学实验中,尽量不要戴隐形眼镜,如眼睛被溅上药品,应立即用冲眼水龙头冲洗。

（4）橡皮或塑料手套应经常检查有无破损。

（5）被强酸腐蚀时,应立即用大量水冲洗,再用碳酸钠或碳酸氢钠溶液冲洗;被浓碱腐蚀时,应立即用大量水冲洗,再用醋酸溶液或硼酸溶液冲洗。

（6）实验室里应在固定位置放置救护药箱,箱内贮放消毒纱布、消毒绷带、消毒药棉、胶布、剪刀、量杯、洗眼杯等医疗用具,以及碘酒、红汞水（2%）或龙胆紫药水（供外伤用）、烫伤膏、云南白药粉、甘油、医用酒精、凡士林等药品。

案例

实验室安全

一、某大学实验室起火事件（火灾）

某大学一化学实验室突然起火,并伴有刺鼻气味的黑烟冒出。起火时室内无人,未造成人员伤亡。校方表示,实验室内存放化学试剂的冰箱因电路老化自燃,引发火灾。消防人员到达现场后,实验室工作人员已将明火扑灭,事故未造成人员伤亡。事发实验室并无有毒化学品。

二、某高校发生实验室气体中毒事故（中毒）

某年7月12时30分许,某高校化学系研究生李某被发现昏厥倒在催化研究所内。12时58分,120急救车抵达现场,将李某送往医院。13时50分,医院急救中心宣布李某抢救无效死亡。

经初步调查发现,该校化学系莫某于事发当日在化学系催化研究所做实验过程中存在误将本应接入另一实验室的一氧化碳气体接至通向李某所在实验室输气管的行为。

三、某大学实验室安全事故（爆炸）

某大学学生在学校实验室进行垃圾渗滤液污水处理科研试验期间，试验现场发生爆炸，事故造成 3 名参与试验的学生死亡。

经查明，该起事故直接原因为：在使用搅拌机对镁粉和磷酸搅拌、反应过程中，料斗内产生的氢气被搅拌机转轴处金属摩擦、碰撞产生的火花点燃爆炸，继而引发镁粉粉尘云爆炸，爆炸引起周边镁粉和其他可燃物燃烧，造成现场 3 名学生烧死。事故调查组认定这是一起责任事故，该校党委书记等 12 人被问责。同时认定，该校有关人员违规开展试验、冒险作业；违规购买、违法储存危险化学品，是实验室和科研项目安全管理不到位。

四、某研究院实验室事故（烧伤）

某研究院一科研实验室在开展催化剂实验过程中发生事故，造成 1 人死亡、3 人受伤。经初步了解，事故原因是实验操作人员在实验室分装含有甲基铝氧烷（为自燃固体，属危险化学品，遇空气燃烧）的催化剂时发生泄漏，催化剂遇空气发生剧烈燃烧，导致现场操作人员伤亡。该起事故暴露出事发单位对安全生产工作重视不够、人员安全意识淡薄、高危实验环节安全管理失控、安全风险管控措施缺失、安全操作规程不完善、承包商管理不到位、应急处置能力不足等问题。

案例分析题：

1. 在完成实验的过程中需要用到哪些防护用具？使用它们时的注意事项有哪些？

2. 在实验室发生火灾事故时该如何处理？

3. 在实验室使用化学物品时发生中毒事故后应采取哪些急救措施？

二、实习实训安全

实习实训场地是高校学生学习知识技能的重要场所，根据不同的专业需要，实习实训场地可按地区不同分为校内和校外两类。

（一）校内实习实训安全

高校是校内实习实训室（楼）的管理主体，应构建安全环境、完善制度体系、提高师生的安全意识。

1. 硬件方面

实训室(楼)要配备完善的安全设施,如消防器材、报警装置、急救箱、废弃物收集装置,张贴针对各个实训室的潜在危害的标志及各种仪器设备的安全注意事项、使用规则等。要经常对安全通道进行检查,保证安全通道的畅通,保证实验用电和用水安全、合格。

2. 软件方面

实训室(楼)要制定各类实习实训室的安全防护制度,明确各实训室安全责任人,要定期进行安全检查,开展安全知识学习活动,各专业实习实训指导老师应按不同专业的特点和不同的安全生产教学要求向学生讲清楚安全操作的要求及有关规定,保证教与学的安全。

3. 实习实训管理规定和行为规范

师生要自觉遵守学校有关实习实训的各类管理规定和行为规范,包括但不仅限于:

(1)未经许可,不擅自进入,也不将外人带进实习实训场地。

(2)进行实习实训时,应根据各类专业工种需要,按规定着学校统一发放的劳动保护工作服装(包括工作帽、防护鞋等)。

(3)不在实训室饮食,储存食品、饮料等个人生活物品。

(4)严禁烟火,不在实习实训场地吸烟(包括室内、走廊、电梯间等)。

(5)熟悉紧急情况下的逃离路线和紧急应对措施,清楚急救箱、灭火器材的位置,牢记急救电话。

(6)保持实训室干净整洁,实训用具使用完毕后及时归位。

(7)牢记各类实训操作要领,碰到疑问及时请教老师或管理人员,不得盲目操作。

(二)校外实习实训安全

在确定实习单位前,学校相关管理部门须对该单位进行实地考察评估,内容包括单位资质、诚信状况、管理水平、实习岗位性质和内容、工作时间、工作环境、生活环境,以及健康保障、安全防护等方面。实习单位应当与学校共同对实习实训的学生进行安全防护知识、岗位操作规程教育和培训指导,教育学生遵守安全操作规程,注意保密工作,严格遵守劳动纪律、工艺纪律、操作纪律、工作纪律;加强生产岗位安全、人身和财产安全、防盗、防抢、防骗、防传销、防网络犯罪的教育,强化实习实训学生劳动教育保护,增强学生安全生产、文明生产的意识,确保学生在履行岗位职责的同时,依法维护自己的合法权益。

第三节 社会实践中的劳动安全防护

2019 年 2 月,中共中央办公厅、国务院办公厅印发了《加快推进教育现代化实施方案(2018—2022 年)》明确要求:"加强劳动和实践育人,构建学科教学和校园文化相融合、家庭和社会相衔接的综合劳动、实践育人机制。"为高校开展劳动教育的社会实践提供了政策遵循。

一、社会实践前的准备

(一) 了解环境

在社会实践前期对环境进行了解有利于规划整个实践活动,对实践活动中可能发生的突发情况进行预测,以及保证整个实践活动的顺利进行。这里的环境包括了自然环境、人文环境和生活环境,只有充分考虑了这三种环境的特点,才能最大程度保证社会实践活动的顺利进行。

自然环境密切关系着团队成员的生命安全,是最应该考虑的因素,主要包括对目的地地势的勘察,了解活动期间的天气和温度状况,以及到达路线的确定。应提前了解当地的天气情况,做好活动规划提高效率,减少时间浪费,尽量不在雷雨、大风、霜雪天气进行活动研究,避免在严寒和酷暑等极端气温下工作;针对目的地提前进行路线的规划,选择合适的交通出行方式,避免迷路或者出行受阻的情况出现。

人文环境是影响社会实践活动顺利进行的重要因素,但是常常被人们忽略,当地的风土人情和相关部门的支持与否直接影响实践活动的效果和进程。尤其是提前了解当地的风俗习惯、宗教信仰和语言风格有利于避免文化冲突和言语冒犯等情况的产生,保障社会实践活动顺利进行。对于少数民族地区和信仰多样化地区,应该尤为注意对当地文化的了解,提前查阅相关资料,必要时可以聘请当地向导或者申请获得当地有关部门的支持,最大程度减少和当地居民产生矛盾的风险。

生活环境是团队在活动期间的庇护场所,它和每位成员的安全息息相关,理应得到重视和关注。提前了解生活环境有利于做好一系列准备,保障所有成员在实践中的安全性和舒适性。提前了解食物和供水状况有利于团队提前准备相应的食物和资源,减少队员因水土不服或者饮食习惯难适应产生肠胃问题影响活动进程;提前了解当地的疾病状况,是否有传染病或者当地有什么寄生虫等,在出发前接种相关的疫苗、准备相关的药品,做好安全防护,保障自身健康。

从以上三方面环境进行准备,能对当地形成一个从宏观到微观的了解,能极大地增加团队的自信心,鼓舞团队士气,为社会实践活动中对劳动教育精神的感悟奠定基础,让学生在活动准备的方方面面中养成勤思考的好习惯、尊重他人的好品德,实现劳动教育的应有之义。

(二) 必备药品

社会实践活动涉及区域变化、气候变化和温度变化等,在团队中预备一个急救医药箱尤为重要,关键时刻甚至能挽救生命。急救医药箱主要包含四类物品。第一类主要是治疗大多数人群多发的咳嗽、头痛、鼻塞等风寒感染状况,腹泻、呕吐、便秘等肠道炎症状况的药品。针对感冒风寒应该准备一些感冒冲剂、芬必得胶囊、安定片、复方甘草片等常见药品;针对肠胃疾病可以带上消炎片、肠炎宁和一些健胃消食片等消除肠道炎症、促进消化的药品。第二类主要是因个别成员的特殊身体状况而需要的药,例如哮喘患者随身携带的药品、过敏患者的舒缓药品,以及用于某种疾病治疗疗程的药品等,团队成员的责任主要是需要提醒这类有特殊需要的成员准备好足够数量的药。第三类是一些常见的外伤处理药品和设备。最常用的外伤药品有眼药水、碘酒、蓝油烃油膏、云南白药等,通过它们对伤口进行初步的消毒和消炎,可以减少伤口感染的可能性,加速伤口愈合,以便之后进行送医和包扎。还应该准备创可贴、纱布、医用棉花、小剪刀、镊子、医用胶带绷带、温度计等常用设备来辅助药品处理突发事件产生的伤口。第四类是主要针对夏季中暑情况的药品如藿香正气水、风油精、清凉油、仁丹、十滴水等,快速对中暑的伤者进行降温,帮助患者快速恢复意识。中暑是夏季多发状况而且发作迅速威胁生命,所以预防中暑的药品应该是必备的药品,不可以马虎。需要注意的是,急救药箱的药品只能应对一些常见状况,所以要计划好数量和种类,严格控制和检测用药情况,不可以滥用药品,不可以替代医生诊断。

(三) 证件和文件

实践团队在前往目的地之前需要充分准备相关的资料,证件和文件能保障整个实践活动的顺利进行。最重要的证件当属身份证、学生证,这是最基本的证件,无论是交通还是日常生活需要,这两个证件关系到个人的身份信息,可以作为一种身份验证的材料,一方面规范活动参与人员的身份,另一方面可作为重要信息追踪每个成员的相关动向。最后团队应该携带本次实践活动的策划书、详细活动计划表、实践指导手册和相关的资料,准备好记录的工具等。还应该带上相应的地图,地址电话手册,以及旅游指南手册等,这些可以作为电子资料保存在电子产品中以供查阅。

二、社会实践中的安全防护

(一) 交通安全

1. 乘坐正规交通工具

首先,学生团队缺乏社会经验需要交通规则和政策的保护,最适宜的出行方式莫过于学校联系专车进行接送,然后相对安全的出行方式就是乘坐公共交通工具,如公交车、大巴车、地铁轻轨、飞机、轮船等,公共交通有正规的监督机制和健全的手续,并且其行车轨迹是固定的,有利于学生的安全保护和学校对行程的跟踪。其次,应该考虑所选工具的乘坐场合,学生应该进入正规的站台购票乘车,按照站内相关工作人员的要求到达指定地点检票乘坐而不是从站外人员那里购票和乘车,学生应减少和陌生人的接触和前往陌生地点以减少安全风险。再次,学生应该关注所乘车辆的资质和保险购买情况,向司机了解和验证车辆的安全证书、质量检验状况和司机资格证书。不要乘坐手续不全的交通工具,如黑车、摩托、小三轮等,这类交通工具在发生交通事故后的救助难以得到保障。最后,专业的司机是交通安全的最大保障,学生需要在乘坐交通工具的时候观察和确认司机的状态,选择驾驶年限超过三年、服务专门线路、没有交通事故记录、没有醉酒驾驶和疲劳驾驶倾向的司机。

2. 遵守交通规则

交通出行过程中人与交通工具共享道路并通过交通规则来规范出行方式,以减少交通事故的产生,而社会实践活动中的交通安全特别应该注意的内容有乘车安全、步行安全以及骑行安全。乘车安全指的是在乘坐交通工具的过程中,学生应该遵守一定的规则和秩序保护自身安全,上车时注意要排队等候,不要拥挤,先下后上,有序乘车,避免摔倒。乘坐火车等轨道交通时要注意站台安全,在安全线范围内乘车;乘车过程中不要将头、手伸出窗外,也不要向窗外乱扔物品,不要随意乱走动,系好安全带,戴好口罩,注意防晒和通风,在不适的时候开窗通风。坐船时要注意脚下和旁边人的行动以免意外落水危及安全。参加社会实践的同学若要集体出行,最好有组织有秩序地列队行走。除此之外,非机动车代步工具的使用能够提高出行效率,例如公共电动车和自行车等。

3. 记录出行轨迹变化

外出乘车期间因路况不佳或者交警查验等而需要换乘交通工具或者改变行进路线的情况时有发生,及时记录行程路线既可为下一步计划提供依据,也能给负责社会实践安全的老师汇报相关情况,做好下一步的部署和指导。虽然社会实践活动会提前制定详细的计划,但是并不能完全排除学生会有因为各种突发事件而晚点的情况,学生需要根据实际情况进行灵活处理,做好行程轨迹记录帮助自己掌握活动的进展情况,然后将其作为依据进行下一步规划。另外,时时记录行程轨迹能够让学校掌握学生的路途情况,例如班车位置、班次号码、始发站始发时间、终点站等信息;能让学校知道学生的安全情况,如果遇到突发情况,学校可以立即和交通部门进行联系并提供具体信息帮助学生应对突发情况。而且这有利于学校和对接单位进行交流,在学生到达时指派负责人接待和安排,减少学生在陌生而流动人员多的地方的停留时间。在记录信息的同时需要和团队内部成员和老师进行交流汇报,让实践活动的参与者一同谈论和制定下一步方案,不可以擅自行动不考虑大家的安全。

(二) 财产安全

1. 贵重物品保管

在社会实践过程中保管个人物品时需要注意,文件和钱包不要放在一起,不然重要文件资料常拿常放时容易夹带钱包从而弄丢钱包;贵重物品应该放在安全结实的袋子或者衣服夹层里,并做到贵重物品最好贴于胸前并且包不离手,防止因为遗忘或者大幅度活动将物品遗漏。公共场所或者有外来人员进入的场所不放贵重物品,在行驶途中尤其是夜间不要将贵重物品放在行李架上,从宾馆外出时也需要随身携带贵重物品并时刻检查物品情况。团队在出行过程中应该相互熟悉各自携带的贵重物品的基本情况,便于相互照看和提醒,上下交通工具、更换住宿点的时候注意清点各自财物和团队共有财物避免遗失。在出行过程中要记录车厢、座位号、铺位号和车号方便物品遗失时联系相关部门及时找回。

2. 抢劫偷盗预防

出行途中人来人往,社会群体复杂,虽然总体来讲社会相对安定,但偷盗抢劫等案件仍存在。学生在出行过程中需要特别注意和陌生人之间的距离和交流,防止不法分子乘虚而入,伤害自己。在实践中对陌生人提高警惕,不要随意和陌生人说话、接触,保持一定的社交安全距离;远离停靠在路边的不明车辆,防止被抢劫;不要参与和观看陌生人之间的争吵,以及盲目地帮助迷路游客、路边乞丐或者小朋友,防止团伙作案以此转移学生的注意力,意图抢劫或者趁机偷盗;不要贪小便宜,在街上捡到东西时不要和陌生人进行交易和询问,直接交到警察手里,防止被敲诈和陷害;在外使用提款机时要注意周围环境是否安全,是否有增加可疑的设备来盗取密码信息,是否有可疑人员接近,以防止抢劫发生。

3. 电信诈骗阻遏

现代支付手段网络化,个人消费信息和交易往来记录都保存在云端,不法分子时常意图获取人们的身份信息,利用电话信息和银行卡信息实施电信诈骗,致使受害人蒙受金钱损失,所以在社会实践中大学生应该注意隐私信息的保管。在社会必要交流的过程中不向陌生人泄露自己和家人的联系方式、身份证号码等,提前告知身边的朋友和家人不要轻信任何陌生人传达的消息而进行汇款转账,若有收到此类信息,应该在第一时间向身边的人或者负责的老师进行求证,进而联系相关的侦查部门。电信诈骗还会通过淘宝、短信甚至电话等途径发生在学生身上,诈骗者能够得知学生的重要隐私信息并且提供消费依据来混淆学生的判断,然后冒充银行或者客服一步一步引导学生操作,让他们转账或者借款,所以大学生在外出时需要对陌生电话和链接提高警惕、保持冷静,和学校、家人进行联系对重要信息进行核实,不可以一时冲动听信陌生人,不给电信诈骗者得手的机会和漏洞。

（三）卫生安全

1. 卫生装备购买

皮肤是人体的第一道免疫屏障，能够有效隔绝生活中的大多数细菌微生物，所以在实践活动中需要尽量减少皮肤的裸露，保证皮肤的健康性和免疫功能，必要的装备也就需要时刻穿戴。在实践过程中要穿好运动鞋、长袜，无论男女尽量选择长袖长裤，最好准备帽子，减少皮肤划伤造成的感染，以及被蚊虫叮咬皮肤发炎的情况；带好一些消毒和驱虫喷雾，在路途中经常喷洒，对全身进行消毒，对难以用肉眼观察的蚊虫进行驱逐，保证自身的安全和卫生，降低感染风险；带好防晒或者降温物品，防止因高温天气和高强度紫外线伤害皮肤屏障，造成皮肤灼伤甚至皮肤癌；带好轻便的保暖物品如保温锡纸和外套等降低在低温天气体温失衡的概率。在准备各种装备的过程中还需要考虑到实践活动需要的便捷性，争取做到一物多用，也不用因过度担心卫生安全风险而携带过多物品，应依据自身的情况携带必要物品。

2. 常规防护执行

出行途中大学生应该时刻关注自己所处的环境和身体情况，进行常规的卫生防护操作来减少因为不卫生的环境或者操作而产生不适的情况。在实践过程中，要注意个人卫生，勤洗手，防止肠道感染，并且需要用纸及时擦拭多余的水分，减少细菌滋生的风险；注意饮食卫生，不到卫生情况不达标的地方吃饭，不吃流动小贩制作的食物，不喝来历不明或者不干净的水，防止肠胃疾病；注意关注贴身衣物和个人卫生用具的清洁情况，做到亲力亲为、频频更换，防止因为个人疏忽或者工作人员疏忽产生物品共用的情况带来未知的疾病风险。

3. 突发疾病应对

微生物和病毒无孔不入，防不胜防，即使在出行途中尽可能做好了完备的准备，但还是有疾病发生的可能，因此，大学生应该知晓不同常见疾病的处理方式。实践过程中常见的疾病有水土不服、中暑、抽筋、风寒、晕车等，常见的症状为消化功能障碍引发的呕吐腹泻，呼吸功能减弱引发的眩晕昏厥，以及肌肉状态改变引发的肌肉酸软和抽筋等。针对这些症状，一般只需要保证足够的休息时间，在乘坐交通工具前或者途中不吃难以消化或者过多的食物就可以自行痊愈；若情况严重就需要进行常规的急救措施，然后同伴陪同及时就医。最后，学生应该熟知急救电话，在遇到紧急情况时拨打急救电话报备自己所处位置和遇到的问题，在接线员的指导之下进行科学的操作来配合救援人员。除此之外，在社会实践活动中大学生应该保持团结，关心和陪伴受伤的同学。

（四）人身安全

生命健康安全是实践活动安全教育中最重要的部分，了解必要的人身安全知识有助于大学生群体提高警惕，保护好自己的生命安全。

1. 预防伤害

学生在社会实践活动中最重要的安全就是自身的生命安全,或大或小的受伤情况,以及陷入治安犯罪的风险是学校和家长最关注的问题,学生在实践过程中需要时刻警惕身边的不安全因素,保证自身的安全。首先,要注意在活动中避免受伤,不去容易出事的悬崖、河堤、山洞,以及容易发生地质灾害的地方进行游玩,防止遇险。出行时要注意交通安全,避免交通事故发生。不参与赌博、酗酒,以及打架斗殴,防止被人利用或者胁迫意外受伤。严格遵循消防安全的规定和特殊性质实践单位的安全规定,避免在操作过程中发生危险不能及时应对。其次,要注意在社会交往中防范犯罪事件的发生,不要接受陌生人的邀约、钱财赠送或者便车,防止其趁机伤害自己或者使自己遭受钱财损失;不要独自行动和夜间行动,尤其是女生应该避免独自走偏僻的道路以防遭受性侵害的危险,如不慎被坏人盯上,应该尽快向公共地方靠近寻求帮助,保持镇静,不要和歹徒起正面冲突,应该及时分析逃生路线趁机甩掉他们。最后,要避免重大安全事故风险,例如拐卖诱骗等,不要盲目地帮助弱小,应该及时告知警察进行处理;遇到拦路抢劫的强盗应该放弃手中的财物,避免受到身体伤害,碰到恶毒的歹徒要进行激烈快速反抗,击打其关键部位以争取逃脱的时间和机会来保证自身安全。

2. 住宿安全

实践活动的暂时居住处多为宾馆、民宿或者专门的暂住宿舍,这些地方往往人流量多、人群成分更新快,学生需要注意住宿周边的安全情况,选择最适宜的实践活动根据地保护自身安全。首先,应该注意住宿地的环境安全情况,包括选择位于安全社区内、没有发生过社会案件的住处,了解多数来往客人的身份和目的,不去社会闲散人员常去的地方,良好的社会治安维护加上高素质的来往人员会增加住宿安全性。其次,应该注意甄别住宿地的资质情况,选择有经营许可证的住处;选择的住宿地应该具有完备的生活设施如独立的卫生间、桌椅柜子等方便团队人员存放一般物品,体现其正规性;选择具有专业服务人员队伍的住宿地,服务人员的数量和种类在体现其正规性和安全性的同时也能为学生们提供更加具体贴心的服务。最后,在住宿登记之后应该及时找到消防逃生通道、熟悉内部组成部分,以及房间布局安排,以便火灾或者地震等突发事件发生时能快速逃离住宿地转移到安全的地点。

三、社会实践中的社交安全

(一) 礼仪安全

策划实践时务必与实践地提前取得联系,得到实践地的许可与支持后方可进行实践。与当地居民接触时,要态度真诚,注意礼节,尊重当地的风俗习惯,最好在实践出发前就通过网络等途径对实践地的习俗有大致的了解;临别时,要向对方致谢,归还相关物品,如条件允许,还可以赠送给对方校园文化纪念品等;通过书信、邮件、电话、传真等方式向实践中给予自己帮助和支持的单位或个人表示感谢,并及时向实践地(单位)反馈自己的实践成果。实践时要谦恭有礼,语言上要把握好尺度,注意交谈礼仪,交谈之前需要先向对方表达问候,表示自己对其的关心,在别人说话的时候注意认真倾听并及时给予应答,遇到特殊情况需要道歉的话,态度要真诚积极,不要激化矛盾。在团队交流过程中如果真的产生了激烈争吵,要及时和学校联系求助指派对接单位的人员来进行交涉和调节。

(二)权益保护

社会实践属于劳动的一种特殊形式,带有劳动性和教育性,与普通的生产劳动有区别,学生作为社会实践者不应该被强行要求和专业劳动人员一样,在实践中大学生应该关注自身的权益,为自己生命安全的保障而负责。大学生应该和实践对接单位签订书面协议文件保护自身合法权益,确保在社会实践过程中发生危险时能够有根据获得赔偿和保护。在社会实践过程中学生应该树立社交警惕意识,实践单位人员构成复杂,虽然和学校进行了合作,但不代表和学生接触的人都是安全的,学生在单独和单位人员进行交流时要注意保持一定的距离,预防不良事件的发生。

本章复习思考题

1. 国家规定的安全色有哪些?分别表示什么意思?

2. 在日常生活劳动中,可以采取哪些办法判断燃气是否泄露?若发现燃气泄漏,可以采取哪些应对措施?

3. 在进行社会实践时,应该如何保护好财产安全?

拓 展 阅 读

徐立平:雕刻火药的"大国工匠"

徐立平,中共党员,中国航天科技集团有限公司第四研究院固体火箭发动机装药总装厂固体火箭发动机燃料药面整形组组长。30多年来,徐立平心怀航天强国梦,坚守在极其危险的固体火箭发动机燃料药面整形岗位,为火箭上天、导弹发射、神舟遨游、嫦娥探月等重大任务"精雕细刻",让一件件大国重器华丽绽放,被誉为雕刻火药的"大国工匠"。

启航——筑梦航天,一脉相承

1968年出生的徐立平是航天二代,父母都是老一辈航天人,他从小耳濡目

染,选择航天之路顺理成章。1987年,19岁的徐立平从航天技工学校毕业,来到了他现在所工作的整形车间,从此把全部的青春和热情都放在了驯服超高能量的"烈性炸药"上。常年艰苦磨炼,他成了工厂响当当的"整形一把刀",0.5毫米,是发动机药面精度允许的最大误差,而他的精度绝不超过0.2毫米,即一张纸的厚度,堪称完美。

亮剑——功崇惟志,业广惟勤

1989年,我国航天业某重点型号发动机发生了故障,由于发动机火药量大,机器产生的高温极有可能引起爆炸,只能安排人工排除故障。人工就地挖药,意味着要钻进已经装填好烈性推进剂的发动机燃烧室内,挖出浇注固化好的火炸药,艰难可想而知,危险更是不言而喻。当主任向大家通报这一险情时,当时还不到21岁的徐立平主动请缨。那时,徐立平参加工作仅三年,技术却得到了众人的认可。狭小的空间,人半躺着,如"芯材"一般被包裹在成吨的炸药堆里,忍受着浓烈而刺鼻的气味,用木铲、铜铲小心翼翼一点一点抠挖。那一刻,所有人都清楚,他们是在与死神比肩!高度的紧张和缺氧,每人每次在里面最多只能干上十几分钟。但是,作为最年轻的成员,徐立平在身体能承受的范围内,总是多挖几分钟,把更多的危险留给自己。就这样,如同蚂蚁搬家,历时两个多月,挖出300多千克推进剂,成功找到了故障原因,重点型号研制的"拦路虎"被彻底排除!这项任务结束后,徐立平因为吸入大量毒气,双腿好久不能动弹,头发也变得稀疏斑驳。像这样危险的任务,徐立平自己都不记得承担过多少次了,而每一次他依然会毫不犹豫冲在最前面。有人问他后悔吗,他不好意思地挠挠头:"有啥好后悔的,危险的工作总是要有人做的。"

匠心——不慕浮华,锐意创新

在火药上动刀子,危险可想而知。多年来,安全靠的是全体工匠的如履薄冰,但是谁敢保证永远没有意外呢?"如果把人与操作分开就好了。"这个想法长期在徐立平脑海萦绕。直到数字技术成熟,他提出了远距离数控整形的思路。最终,企业引进了数控整形机。如何实现与药面无缝契合却成了一道新的拦路虎。作为班组长,徐立平只有带头学。年近40的他,认真得像个小学生,白天蹲在整形机旁测量、琢磨,晚上钻研专业技术、画图、计算……两个多月后,他就会编写参数了,并对特殊型面设计了专用刀具。此后,徐立平带领班组完成30多项技术革新,编写20余种工艺规程和标准,设计、制作和改进了30多种刀具,其中一种被命名为"立平刀"。

一晃30多年过去了,徐立平依然做着刀尖上的工作,只是曾经默默无闻的一线工人,被推到了"聚光灯"下,成为"时代楷模""大国工匠"……徐立平却说:"航天系统里,像我这样的人很多,我还是更适合默默无闻。说大一点,干咱们这行,要有对国家奉献的精神,我们追求的是这个。"

思考题:

1. 火药雕刻稍有不慎就会爆炸,请结合人物故事和学习实际说明在劳动实践中应秉持怎样的态度和如何预防事故的发生?

2. 结合徐立平从一线工人到最终成为"大国工匠"的人生经历,辩证分析习近平总书记所说的"幸福生活是靠劳动创造的",大学生"要客观看待个人条件和社会需求,从实际出发选择职业和工作岗位,热爱劳动,脚踏实地,在实践中一步步成长起来"的时代意义。

第六章　劳动相关法律法规

第一节　劳　动　法

《中华人民共和国劳动法》（以下简称《劳动法》）是为了保护劳动者的合法权益，调整劳动关系，建立和维护适应社会主义市场经济的劳动制度，促进经济发展和社会进步，根据宪法制定的法律。

1994 年 7 月 5 日第八届全国人民代表大会常务委员会第八次会议通过了《中华人民共和国劳动法》。该法根据 2009 年 8 月 27 日第十一届全国人民代表大会常务委员会第十次会议《关于修改部分法律的决定》第一次修正，根据 2018 年 12 月 29 日第十三届全国人民代表大会常务委员会第七次会议《关于修改〈中华人民共和国劳动法〉等七部法律的决定》第二次修正。

一、劳动关系

（一）劳动关系的定义

根据《劳动法》第二条规定："在中华人民共和国境内的企业、个体经济组织（以下统称用人单位）和与之形成劳动关系的劳动者，适用本法。国家机关、事业组织、社会团体和与之建立劳动合同关系的劳动者，依照本法执行。"

劳动关系是指劳动者与用人单位之间，以劳动给付为目的，依据劳动法律规范形成的劳动权利义务关系。劳动争议的前提是"劳动关系"的发生，解决争议也以存在劳动关系为基础。

（二）劳动关系与劳务关系的区别

1. 主体不同

劳动关系双方当事人是用人单位和劳动者。劳务关系当事人可以均是单位或自然人。

2. 隶属关系不同

劳动关系中劳动者加入用人单位成为其中一员，跟单位有组织上的从属关系。

劳务关系中不存在支配和被支配的关系,劳务提供者自行组织和指挥劳动过程。

3. 适用的法律不同

劳动关系适用《劳动法》和《劳动合同法》,建立劳动关系必须签订劳动合同,劳务关系是否签订书面劳务合同,由当事人双方协商确定。

4. 纠纷处理方式不同

劳动争议中劳动争议仲裁是前置程序,对仲裁结果不服才可以向法院提起诉讼,劳务争议可以直接向法院起诉。

案 例

2020 年 2 月,胡某与某供应链公司签订合作协议,由胡某在供应链公司的淘宝网账户上直播带货,每月基本报酬为 7 000 元,另根据直播带货销售额结算收益。胡某每天工作 6 小时,直播时间按供应链公司的排班表执行,直播货品为供应链公司经销的服装类产品,货品价格由供应链公司确定,直播工具由供应链公司提供。胡某于 2020 年 6 月辞职后申请劳动仲裁,要求供应链公司支付拖欠的工资。仲裁裁决认为双方构成劳动关系,供应链公司应支付拖欠胡某的工资。供应链公司不服,认为双方系合作关系而非劳动关系,诉至法院。

法院认为,胡某从事的网络平台直播销售工作是供应链公司的主要业务组成部分,工作场所、劳动工具由供应链公司提供,工作时间由供应链公司安排,双方具有管理与被管理的人身依附和经济从属关系,构成劳动关系,故判决供应链公司支付拖欠胡某的工资。

思考题:

结合案例谈一谈什么是劳动关系?

二、劳动者与用人单位的权利

(一) 劳动者的权利

根据《劳动法》第三条规定:"劳动者享有平等就业和选择职业的权利、取得劳动报酬的权利、休息休假的权利、获得劳动安全卫生保护的权利、接受职业技能培训的权利、享受社会保险和福利的权利、提请劳动争议处理的权利以及法律规定的其他劳动权利。"

1. 就业权

就业权亦称工作权,是指劳动者能够获得有报酬的职业性劳动机会的权利。

就业权利包括择业自由、平等就业、就业促进和职业保障四项权利。

择业自由是指劳动者有权按照自己的意愿选择职业,包括是否从事职业劳动,从事何种职业劳动,何时从事职业劳动,在哪一类或者哪一个用人单位从事职业劳动,等等。

平等就业是指劳动者平等地获得就业机会,反对任何形式的歧视。劳动者不分性别、年龄、民族、宗教信仰等,在就业机会面前一律平等,除能力、技术等限制外,不得设置其他限制条件,对具有相同条件的劳动者,不能给予不同的待遇,比如不能提高女性劳动者的录用标准。

就业促进是指国家应当通过实施各种积极的就业政策为劳动者提供就业机会,以及应当为劳动者提供职业训练的条件、健全职业训练的体系。

职业保障是指劳动者在失业时有权要求国家提供失业救济,免于因失业而丧失生存保障,国家既应当通过失业保险制度向失业者提供失业保险金,也应当积极地对失业人员的再就业加以扶持。

2. 劳动报酬权

劳动报酬权是劳动者通过劳动义务的履行,从用人单位处获得相对公平合理的物质报酬的权利。劳动报酬是劳动者生存和发展的物质基础,劳动报酬权是劳动者生存权的基本内容之一。

3. 休息权

休息权是指劳动者在劳动中消耗一定的体力和脑力之后,依法享有的恢复体力、脑力,以及用于娱乐和自己支配的必要时间的权利。劳动者享有休息权,是为了保证劳动者缓解身体和精神上的疲劳,恢复体力和精力,从而更加精力充沛地投入劳动。同时,劳动者享有休息权也是为了在业余时间能够参加学习、文体娱乐和各种社会活动,不断提高自身素质,保证身心健康,实现个人全面发展。

4. 劳动安全卫生权

劳动安全卫生权是指劳动者享有的在劳动过程中保护其生命安全和身体健康的权利,包括安全卫生环境条件获得权、知情权、取得劳动保护用品的权利、定期健康检查权,以及拒绝危险工作的权利。

5. 职业培训权

职业培训权是指劳动者依照法律规定和劳动合同的约定,有权要求用人单位在劳动用工过程中根据工作需要提供职业培训,以提升工作效率。包括获得参加职业培训资格的权利、获得规定学习时间的权利、要求用人单位按规定支付学习费用的权利,以及对于从事特殊工种的劳动者,要求用人单位对其进行岗前培训的权利。

6. 社会保险和福利权

社会保险权是指劳动者暂时或永久丧失劳动能力及失业时,依法享有的向社会保险经办机构主张并获得保险给付以补偿他们因社会风险而造成的经济不安全,进而维持有尊严的基本生活水平的权利。社会福利权是指劳动者依据国家制定的社会福利制度所享有的权利。社会福利是国家为提高劳动者物质文化生活水平、促进社会进步而设立的一项物质帮助的制度。

7. 提请劳动争议处理权

提请劳动争议处理权是指劳动者因劳动权益与用人单位发生争议时享有的请求有关部门对争议进行处理的权利,包括争议处理方式选择权、请求劳动争议处理机构依法受理争议的权利,以及控告权。

8. 集体劳动权

集体劳动权包括参加或组织工会的权利(或称团结权)、与资方进行集体协商以改善劳动条件的权利(或称集体谈判权、团体交涉权),以及为实现正当的集体协商或其他权利而从事罢工等行为的权利(或称集体争议权、团体行动权)。

(二)用人单位的权利

1. 用工自主权

用人单位通过劳动力市场,以支付劳动报酬为前提招用劳动者,其目的在于通过劳动过程实现正常的生产经营目的。

2. 组织管理权

任何生产经营活动都是基于用人单位的需求而发起的,用人单位对其生产经营秩序的正常化负有当然的职责。其主要内容包括:① 组织指挥权。用人单位有权根据生产经营活动的需要,在劳动过程中对劳动者进行指挥管理。② 人力资源调配权。用人单位有权基于用工主体的生产经营发展需要,对劳动力在企业内部进行人力资源的优化配置,以及依照法律规定和劳动合同的约定,对劳动者进行正常的岗位调整。③ 劳动生产经营秩序的控制权。用人单位有权通过日常的劳动管理,制定劳动规程、劳动纪律等内部规章制度,保障和维护正常的生产经营秩序。

3. 奖惩权

用人单位有权依照法律、劳动合同,以及制定的规章制度,对劳动者遵守法律、劳动合同和企业规章制度的行为进行奖励,对于违反者则进行惩处,对严重违反者予以辞退。同时,用人单位行使惩戒权,也必须符合法律规定和劳动合同的约定,不得滥用该项权利。

案 例

大风快递公司与韩小强在6年前签订了一份《承包协议》,快递公司开办快递末端网点,由韩小强作为网点负责人。双方约定公司将其负责辖区的快递业务分包给韩小强,协议期限 10 年。韩小强作为合作方自主经营、自负盈亏,并独立承担法律责任。2019 年 5 月,经韩小强招聘,陈大康通过注册快递人员专用的 App 账号,开始从事上述运营网点区域内的快递收寄、投递、转运等工作,并由韩小强根据派件数量结算每月薪酬。经查,陈大康的工号系由韩小强提交给大风快递公司,再经大风快递提交上海总部逐级审核后发放。大风公司按月为包括陈大康在内的快递人员投保了雇主责任险。2019 年年底,陈大康在转运快递途中遭遇交通事故受伤。因申报工伤缺少劳动关系证明,且无法确认用工主体,陈大康提起仲裁申请。经劳动仲裁和一审法院判决认定,其受伤时与快递公司存在劳动关系。该公司不服,向苏州中院提起上诉。

苏州中院审理后认为,用人单位不能通过违法分包快递业务规避用工主体责任,双方法律关系的认定应当根据当事人双方权利义务实际履行情况,综合考察主体适格性、劳务从属性、管理实质性等要素,而不能仅依用人单位提供的违法分包协议作为审查依据。根据我国《快递市场管理办法》、《中华人民共和国邮政法》的相关规定,国家对快递业务实行经营许可制度,未经许可,任何单位和个人不得经营快递业务。以加盟方式经营快递业务的,被加盟人与加盟人均应当取得快递业务经营许可,加盟不得超越被加盟人的经营许可范围。本案中,大风快递公司未经许可将经营业务分包给不具备用工资质的韩小强,已构成违法分包。而大风快递公司以违法分包为由,抗辩其并非用工主体的观点并不能成立。对大风快递公司与陈大康的法律关系,仍应以是否符合劳动关系本质特征作为判断标准。

承办法官表示,陈大康虽由韩小强招聘入职、安排工作、发放工资,但这些行为与韩小强作为网点负责人的身份并不矛盾。大风快递公司自陈大康入职当月,即每月以雇主身份为其购买雇主责任保险,且经逐级审核后向其发放工号,足以说明陈大康接受大风快递公司的管理。

思考题:

结合材料分析《劳动法》中所保护的劳动者如何界定?

第二节　劳动合同法

《中华人民共和国劳动合同法》(以下简称《劳动合同法》)是为了完善劳动合同制度,明确劳动合同双方当事人的权利和义务,保护劳动者的合法权益,构建和发展和谐稳定的劳动关系而制定的法律。

《中华人民共和国劳动合同法》由 2007 年 6 月 29 日第十届全国人民代表大会常务委员会第二十八次会议通过,根据 2012 年 12 月 28 日第十一届全国人民代表大会常务委员会第三十次会议《关于修改〈中华人民共和国劳动合同法〉的决定》修正。

一、劳动合同的种类

劳动合同分为固定期限劳动合同、无固定期限劳动合同和以完成一定工作任务为期限的劳动合同。

(一)固定期限劳动合同

固定期限劳动合同是指用人单位与劳动者约定合同终止时间的劳动合同。用人单位与劳动者协商一致,可以订立固定期限劳动合同。

(二)无固定期限劳动合同

无固定期限劳动合同是指用人单位与劳动者约定无确定终止时间的劳动合同。用人单位与劳动者协商一致,可以订立无固定期限劳动合同。有下列情形之一,劳动者提出或者同意续订、订立劳动合同的,除劳动者提出订立固定期限劳动合同外,应当订立无固定期限劳动合同:一是劳动者在该用人单位连续工作满十年的;二是用人单位初次实行劳动合同制度或者国有企业改制重新订立劳动合同时,劳动者在该用人单位连续工作满十年且距法定退休年龄不足十年的;三是连续订立二次固定期限劳动合同,且劳动者没有《劳动合同法》第三十九条和第四十条第一项、第二项规定的情形,续订劳动合同的。同时,用人单位自用工之日起满一年不与劳动者订立书面劳动合同的,视为用人单位与劳动者已订立无固定期限劳动合同。

(三)以完成一定工作任务为期限的劳动合同

以完成一定工作任务为期限的劳动合同是指用人单位与劳动者约定以某项工作的完成为合同期限的劳动合同。用人单位与劳动者协商一致,可以订立以完成一定工作任务为期限的劳动合同。

二、劳动合同的订立要求

(一)劳动关系的建立

用人单位自用工之日起即与劳动者建立劳动关系。用人单位应当建立职工名册备查。

(二)用人单位的告知义务和劳动者的说明义务

用人单位招用劳动者时,应当如实告知劳动者工作内容、工作条件、工作地点、职业危害、安全生产状况、劳动报酬,以及劳动者要求了解的其他情况;用人单位有权了解劳动者与劳动合同直接相关的基本情况,劳动者应当如实说明。

(三)用人单位不得扣押劳动者证件和要求提供担保

用人单位招用劳动者时,不得扣押劳动者的居民身份证和其他证件,不得要求劳动者提供担保或者以其他名义向劳动者收取财物。

（四）应当订立书面劳动合同

已建立劳动关系，未同时订立书面劳动合同的，应当自用工之日起的一个月内订立书面劳动合同。用人单位与劳动者在用工前订立劳动合同的，劳动关系自用工之日起建立。

三、劳动合同订立的要素

根据《劳动合同法》第十七条的规定，劳动合同应当具备以下条款。

1. 双方当事人的基本信息

所谓的基本信息是指用人单位的名称、住所和法定代表人或者主要负责人，劳动者的姓名、住址和居民身份证或者其他有效身份证件号码。

2. 劳动合同期限

劳动合同期限是指合同的有效时间，起于合同生效之时，终于合同终止或解除之时。劳动合同可以有固定期限，也可以无固定期限，或者以完成一定的工作为期限。

3. 工作地点、工作内容、工作时间、休息休假

劳动者为用人单位提供劳动，是劳动者应履行的主要义务，劳动者的工作时间，工作的场所或者地点，劳动者被录用到用人单位以后，应担任何种工作或职务，工作上应达到什么要求，等等，应在劳动合同中加以明确。

4. 劳动报酬

用人单位应向劳动者支付劳动报酬，这是用人单位的主要义务；与之相对应的，获得劳动报酬是劳动者的权利。劳动报酬专指劳动者基于劳动关系而取得的各种劳动收入，其主要支付的形式是工资，此外还有津贴、奖金等。在劳动合同中应明确工资的数额，支付方法，奖金、津贴的数额及获得的条件；等等。

5. 社会保险

社会保险是国家通过立法强制建立社会保险基金，对劳动者在年老、疾病、工伤、死亡、失业、生育等情况发生时给予必要补偿和救助的社会保障制度。社会保险主要包括养老保险、疾病保险、工伤保险、失业保险、生育保险等。

6. 劳动保护、劳动条件和职业危害防护

一般而言，劳动保护和劳动条件是劳动者进行劳动的前提条件，没有良好的劳动保护措施和劳动环境，劳动者的人身安全就得不到保障，因此也有必要在劳动合同中进行规定。

7. 法律、法规规定应当纳入劳动合同的其他事项

同时，除劳动合同中规定的必备条款外，用人单位与劳动者可以约定试用期、培训、保守秘密、补充保险和福利待遇等其他事项。

四、劳动合同无效的情况

根据《劳动合同法》第二十六条的规定,下列劳动合同无效或者部分无效:① 以欺诈、胁迫的手段或者乘人之危,使对方在违背真实意思的情况下订立或者变更劳动合同的;② 用人单位免除自己的法定责任、排除劳动者权利的;③ 违反法律、行政法规强制性规定的。

对劳动合同的无效或者部分无效有争议的,由劳动争议仲裁机构或者人民法院确认。劳动合同被确认无效,劳动者已付出劳动的,用人单位应当向劳动者支付劳动报酬。劳动报酬的数额,参照本单位相同或者相近岗位劳动者的劳动报酬确定。

五、试用期、实习期和见习期的约定

(一) 试用期的约定

根据《劳动合同法》第十九条的规定,劳动合同中可以约定试用期。试用期时间有明确的规定:劳动合同期限三个月以上不满一年的,试用期不得超过一个月;劳动合同期限一年以上不满三年的,试用期不得超过二个月;三年以上固定期限和无固定期限的劳动合同,试用期不得超过六个月。同一用人单位与同一劳动者只能约定一次试用期。以完成一定工作任务为期限的劳动合同或者劳动合同期限不满三个月的,不得约定试用期。同时,试用期包含在劳动合同期限内。劳动合同仅约定试用期的,试用期不成立,该期限为劳动合同期限。

因此,劳动者一定要在开始为用人单位工作时就签订合同,而不是在试用期满后签订合同。

(二) 实习期和见习期的约定

实习期和见习期并不是法律上的概念。实习期一般是指在校学生充分结合自己的理论知识,参加社会实践工作,以提高自身综合素质和工作适应能力的一段时期。

见习期一般是针对应届毕业生进行业务适应及考核的一段时期,适用于用人单位招收应届毕业生,包括高等学校本、专科毕业生及技校毕业生等,根据相关规定,用人单位招收上述毕业生后,原则上都要安排见习期,时间一般为一年,是一个熟悉业务、试行工作的过程。在见习期内不评定正式工资,只发给临时工资。在见习期间领取的临时工资标准,一般由国家规定。见习期间的待遇和见习期满的定级工资,分别执行国家和省、自治区、直辖市人民政府的规定。

六、劳动合同的解除

劳动合同的解除是指在劳动合同有效成立以后,尚未全部履行之前,因当事人一方或双方的意思表示,提前终止劳动关系的法律行为。劳动合同的解除方式可分为协议解除和单方解除。

(一)协商解除劳动合同

用人单位与劳动者协商一致,可以解除劳动合同。

(二)单方解除劳动合同

1. 劳动者单方解除劳动合同

根据《劳动合同法》的第三十七条和第三十八条规定,用人单位有下列情形之一的,劳动者可以解除劳动合同:① 未按照劳动合同约定提供劳动保护或者劳动条件的;② 未及时足额支付劳动报酬的;③ 未依法为劳动者缴纳社会保险费的;④ 用人单位的规章制度违反法律、法规的规定,损害劳动者权益的;⑤ 因《劳动合同法》第二十六条第一款规定的情形致使劳动合同无效的;⑥ 法律、行政法规规定劳动者可以解除劳动合同的其他情形。

劳动者提前三十日以书面形式通知用人单位,在试用期内提前三日通知用人单位,可以解除劳动合同。但用人单位以暴力、威胁或者非法限制人身自由的手段强迫劳动者劳动的,或者用人单位违章指挥、强令冒险作业危及劳动者人身安全的,劳动者可以立即解除劳动合同,不需事先告知用人单位。

2. 用人单位单方解除劳动合同

在劳动者有过失的情况下,根据《劳动合同法》的第三十九条的规定,劳动者有下列情形之一的,用人单位可以解除劳动合同:① 在试用期间被证明不符合录用条件的;② 严重违反用人单位的规章制度的;③ 严重失职,营私舞弊,给用人单位造成重大损害的;④ 劳动者同时与其他用人单位建立劳动关系,对完成本单位的工作任务造成严重影响,或者经用人单位提出,拒不改正的;⑤ 因《劳动合同法》第二十六条第一款第一项规定的情形致使劳动合同无效的;⑥ 被依法追究刑事责任的。

根据无过失性辞退的条款,有下列情形之一的,用人单位提前三十日以书面形式通知劳动者本人或者额外支付劳动者一个月工资后,可以解除劳动合同:① 劳动者患病或者非因工负伤,在规定的医疗期满后不能从事原工作,也不能从事由用人单位另行安排的工作的;② 劳动者不能胜任工作,经过培训或者调整工作岗位,仍不能胜任工作的;③ 劳动合同订立时所依据的客观情况发生重大变化,致使劳动合同无法履行,经用人单位与劳动者协商,未能就变更劳动合同内容达成协议的。

除此以外,《劳动合同法》中也规定了合法的经济性裁员,主要包括:① 依照企业破产法规定进行重整的;② 生产经营发生严重困难的;③ 企业转产、重大技术革新或者经营方式调整,经变更劳动合同后,仍需裁减人员的;④ 其他因劳动合同订立时所依据的客观经济情况发生重大变化,致使劳动合同无法履行的。

裁减人员时应当优先留用与本单位订立较长期限的固定期限劳动合同的,与本单位订立无固定期限劳动合同的,以及家庭无其他就业人员,有需要扶养的老人或者未成年人的。同时,用人单位在六个月内重新招用人员的,应当通知被裁减的人员,并在同等条件下优先招用被裁减的人员。

3. 用人单位不得解除劳动合同的情形

根据《劳动合同法》第四十二条的规定,劳动者有下列情形之一的,用人单位不得依照本法第四十条、第四十一条的规定解除劳动合同:① 从事接触职业病危害作业的劳动者未进行离岗前职业健康检查,或者疑似职业病病人在诊断或者医学观察期间的;② 在本单位患职业病或者因工负伤并被确认丧失或者部分丧失劳动能力的;③ 患病或者非因工负伤,在规定的医疗期内的;④ 女职工在孕期、产期、哺乳期的;⑤ 在本单位连续工作满十五年,且距法定退休年龄不足五年的;⑥ 法律、行政法规规定的其他情形。

七、劳动争议的处理

当在劳动合同履行过程中发生争议时,争议的处理方式有多种选择。当事人之间可以协商和解;不愿协商、协商不成的,当事人可以向调解组织申请调解;不愿调解、调解不成的,可以向劳动争议仲裁委员会申请仲裁;对仲裁裁决不服的,可以向人民法院提起诉讼。

(一) 协商和解程序

协商和解并非劳动争议的必经程序,但其具有简捷及时、成本低的优点,是一种解决劳动争议的常用的途径。发生劳动争议后,劳动者可以与用人单位协商,也可以请工会或者第三方共同与用人单位协商,达成和解协议。和解协议不具有强制性,任何一方事后反悔,另一方均无法凭和解协议向法院申请强制执行,双方当事人仍然有申请仲裁或提起诉讼的权利,但是和解协议是重要的证据。

(二) 调解程序

调解程序同样也并非法律规定的必经程序,但对解决劳动争议却起着很大的作用。其是指劳动纠纷的一方当事人可以就劳动纠纷向下列调解组织申请调解:① 企业劳动争议调解委员会(由职工代表和企业代表组成);② 依法设立的基层人民调解组织;③ 在乡镇、街道设立的具有劳动争议调解职能的组织。

双方经调解达成协议的,应当制作调解协议书,调解协议经过司法确认后具有强制执行力。若没有进行司法确认,达成调解协议后,一方当事人在协议约定期限内不履行调解协议的,另一方可以依法申请仲裁。

(三)劳动仲裁程序

劳动争议仲裁是解决劳动争议的法定和必经程序,也是提起诉讼的前置程序,即如果想向法院提起诉讼,就必须要经过仲裁程序,不能直接向人民法院起诉。劳动争议经协商或调解不成的,当事人可以向劳动争议仲裁委员会申请仲裁;当事人也可以不经调解直接向劳动争议仲裁委员会申请仲裁。

当事人可以从知道或应当知道其权利受侵害之日起六十日内向有管辖权的劳动争议仲裁委员会提出书面申请,仲裁裁决一般应在收到仲裁申请的六十日内作出。对仲裁裁决无异议的,当事人必须履行。

劳动争议当事人对仲裁裁决不服的,可以自收到仲裁裁决书之日起十五日内向人民法院提起诉讼。一方当事人在法定期限内不起诉又不履行仲裁裁决的,另一方当事人可以申请人民法院强制执行。

(四)诉讼程序

根据《劳动法》第八十三条的规定,劳动争议当事人申请劳动仲裁后,对仲裁裁决不服的,可以自收到仲裁裁决书之日起十五日内向人民法院提起诉讼。一般情况下,劳动争议当事人不能未经仲裁程序就直接向法院提起诉讼。

案 例

2018年11月8日,黄某入职翰某电子(深圳)有限公司担任品质总监职位,约定工资为16 000元/月,双方签订书面劳动合同。入职时,黄某提交了包含虚假工作经历的《求职履历表》,记载其在2016年3月至2018年6月期间,在广东某电子商务股份有限公司(大型企业)担任品质高级经理一职,工资2万元/月。实际上,黄某在2018年期间没有工作。2020年5月,因黄某在工作期间出现重大错误导致翰某公司经济损失,于是翰某公司根据员工手册规定辞退了黄某,并向其发送解除劳动合同通知书。黄某不服公司辞退决定,于2020年7月向深圳市龙岗区劳动人事争议仲裁委员会提起劳动仲裁,要求翰某公司支付未发工资、未休年休假工资、违法解除劳动合同赔偿金等多项请求合计人民币16万元。本案虽然最终以调解结案,但是根据《中华人民共和国劳动合同法》第二十六条的规定,该劳动合同足以认定为无效。

思考题:

劳动纠纷可以不经仲裁直接起诉至法院吗?

第三节　劳动就业相关法规政策

一、就业促进法律制度

《中华人民共和国就业促进法》(以下简称《就业促进法》)是为了促进就业,促进经济发展与扩大就业相协调,促进社会和谐稳定而制定的法律。其内容包括政策支持、公平就业、就业服务和管理、职业教育和培训、就业援助、监督检查、法律责任等内容。

尤其是在公平就业方面,《就业促进法》明确规定各级人民政府创造公平就业的环境,消除就业歧视,制定政策并采取措施对就业困难人员给予扶持和援助。用人单位招用人员、职业中介机构从事职业中介活动,应当向劳动者提供平等的就业机会和公平的就业条件,不得实施就业歧视。同时,国家保障妇女享有与男子平等的劳动权利。用人单位招用人员,除国家规定的不适合妇女的工种或者岗位外,不得以性别为由拒绝录用妇女或者提高对妇女的录用标准。同时,各民族劳动者享有平等的劳动权利,用人单位招用人员,应当依法对少数民族劳动者给予适当照顾;各级人民政府应当为残疾人创造就业条件;用人单位招用人员,不得以是传染病病原携带者为由拒绝录用;等等。

在就业服务方面,规定县级以上人民政府建立健全公共就业服务体系,设立公共就业服务机构,为劳动者免费提供下列服务:就业政策法规咨询,职业供求信息、市场工资指导价位信息和职业培训信息发布,职业指导和职业介绍,对就业困难人员实施就业援助,办理就业登记、失业登记等事务,其他公共就业服务。

除《就业促进法》以外,《宪法》《劳动法》《残疾人保障法》《妇女权益保障法》等也同样规定了公民的平等权、劳动者享有平等就业和选择职业的权利、禁止就业歧视、保障特殊群体就业等主要内容。

二、工会和职工民主管理制度

工会,或称劳工总会、工人联合会,是职工为争取更好的工作条件等共同目标而自愿联合的组织。工会原意是指基于共同利益而自发组织的社会团体。

为保障工会在国家政治、经济和社会生活中的地位,确定工会的权利与义务,发挥工会在社会主义现代化建设事业中的作用,根据宪法,我国制定了《中华人民共和国工会法》(以下简称《工会法》)。我国工会的权利主要有:保障职工依法行使民主管理的权利,指导和帮助职工的权利,进行集体协商和缔造集体合同的权利,提出意见、建议和交涉的权利,调查和监督的权利。

　　例如,根据《工会法》的第二十三条的规定,企业、事业单位、社会组织违反劳动法律法规规定,有下列侵犯职工劳动权益情形,工会应当代表职工与企业、事业单位、社会组织交涉,要求企业、事业单位、社会组织采取措施予以改正;企业、事业单位、社会组织应当予以研究处理,并向工会作出答复;企业、事业单位、社会组织拒不改正的,工会可以提请当地人民政府依法作出处理:① 克扣、拖欠职工工资的;② 不提供劳动安全卫生条件的;③ 随意延长劳动时间的;④ 侵犯女职工和未成年工特殊权益的;⑤ 其他严重侵犯职工劳动权益的。

三、社会保障相关制度

　　社会保障是指由国家立法强制规定,并以国家作为给付义务主体,对公民在年老、疾病、伤残、失业、生育、遭遇灾害、面临生活困难等情形时给予物质或服务帮助,旨在保障公民基本生活需要并提高生活水平、实现社会公平和社会正义的制度。我国的社会保障制度包括社会保险、社会救助、社会福利和社会优抚。

　　社会保险是指国家通过立法建立社会保险基金,对被保险人因年老、疾病、失业、工伤、生育等丧失劳动能力或失去收入来源时给予必要物质帮助的制度,包括养老保险、医疗保险、工伤保险、失业保险和生育保险等。

　　社会救助是指国家和社会对遭受灾害、失去劳动能力,以及低收入公民给予物质救助或服务帮助,以维持其最低生活水平的各种措施,包括城乡居民最低生活保障、特困人员供养、灾害救助、专项救助、临时救助等。

　　社会福利是指由国家和社会举办的、为社会全体成员所享有的各种公共服务,以及为特殊群体所享有的各种福利事业。包括:① 公共福利,如住房福利、教育福利、卫生福利等;② 特殊群体福利,如残疾人福利、老人福利、儿童福利等;③ 职业福利,如对职工提供福利补贴、福利设施、福利服务等。

　　社会优抚是指国家和社会对烈士、军人、警察及其家属给予抚恤和优待的一种社会保障制度。社会优抚措施主要包括社会优待、社会抚恤和安置保障等。

四、劳动保障监察制度

　　劳动监察是保障劳动法实施的重要手段。《劳动法》明确规定了劳动行政部门劳动监察的职权与任务。国务院 2004 年颁布的《劳动保障监察条例》,规范了劳动监察职责、监察事项,以及劳动监察的实施等。

　　我国劳动保障行政部门依法负责对用人单位遵守劳动保障法律、法规和规章的实施情况进行监督检查,建设、卫生、安全生产监督管理等有关主管部门在各自职责范围内,对用人单位遵守劳动保障法律、法规和规章的情况进行监督。根据《劳动保障监察条例》第十条的规定,劳动保障行政部门实施劳动保障监察,履行下列职责:① 宣传劳动保障法律、法规和规章,督促用人单位贯彻执行;② 检查用人单位遵守劳动保障法律、法规和规章的情况;③ 受理对违反劳动保障法律、法规或者规章的行为的举报、投诉;④ 依法纠正和查处违反劳动保障法律、法规或规章的行为。

案 例

　　2011 年 2 月 14 日,黄某入职某公司,双方签订了书面劳动合同。2011 年 2 月至 2013 年 4 月期间,公司没有为黄某缴纳社会保险。2013 年 5 月开始,公司陆续为黄某缴纳社会保险。2019 年 12 月 25 日,黄某向公司邮寄了《解除劳动合同通知书》,以公司未为其缴纳社会保险费为由要求解除双方劳动关系。

　　2019 年 12 月 27 日,公司收到黄某的《解除劳动合同通知书》。2020 年 1 月 10 日,黄某向重庆市北碚区劳动人事争议仲裁委员会申请仲裁,要求公司支付经济补偿 31 907.97 元。一审法院重庆市北碚区人民法院认为,黄某在《解除劳动合同通知书》中提出的解除原因为公司未为其缴纳社保。对此,双方在庭审中均一致确认 2013 年 5 月至 2019 年 12 月期间公司为黄某缴纳了社保,黄某明确其主张的是 2011 年 2 月至 2013 年 4 月公司未为其缴纳社保。《中华人民共和国劳动合同法》第三十八条赋予劳动者解除劳动合同的权利的性质属于形成权,形成权的行使应受一定期限限制。黄某在长达 6 年多的时间内均未提出异议,故对该项解除原因,法院不予支持。黄某不服,二审维持原判后又提起再审申请。重庆市高级人民法院认为黄某在长达六年多的时间内未就 2011 年 2 月至 2013 年 4 月期间的参保情况提出异议,一、二审认定黄某的劳动合同解除权已经消灭,并无不当。

　　思考题:

　　结合案例分析劳动合同的必备条款有哪些? 如何在劳动合同中保障自身合法权益?

📝 本章复习思考题

1. 劳动者与用人单位的权利分别有哪些?

2. 劳动合同订立的要素有哪些?

3. 谈谈大学生在劳动实践中应如何保护自己的劳动权益?

🔧 拓展阅读

农民工心中的"工棚律师"向永兴

　　向永兴,1975年生于奉节县岩湾乡。2011年,重庆市奉节县总工会与武汉市青山区总工会农民工维权站成立,向永兴任站长,因其常年为农民工兄弟维权,被农民工称为"工棚律师"。

　　1988年,13岁的向永兴就因家里的债务主动走上了打工路。1997年,向永兴在武汉某建筑工地打工时被吊车铁笼砸伤头部。在重症监护室抢救3天脱离生命危险后,他被告知需要自己支付医疗费。向永兴不顾重伤找到工地负责人,没想到,对方留下一句"不关我的事",扭头便走。回到病房,面对巨额医疗费,向永兴六神无主。同病房懂法律的病友段大兴建议向永兴到劳动仲裁机构索赔。在段大兴的帮助下,向永兴找到当地劳动仲裁机构,通过法律手段,拿回了7 000元赔偿金。这是向永兴第一次感受到法律的威力。从此,仅有小学文化的他开始自学法律。午休时,晚饭后,他总是抱着《劳动法》《民事诉讼法》《工伤保险条例》等仔细研读。学到法律知识后,向永兴还为工友们"讲课"。功夫不负有心人,2005年向永兴自学考上了重庆工商大学大专法律专业,并在2012年通过自学取得西南大学法律服务工作者执法证。

　　在向永兴办公室的书柜里,上层放着农民工维权档案,下层则整整齐齐放着12面锦旗。一面面锦旗,记录着向永兴为工友们维权的艰难路。1999年12月,30名从重庆到武汉务工的农民找到向永兴,原来他们在完成工程后,13万元的工资却一直不见踪影,因为请不起律师,便来找向永兴帮忙。向永兴二话没说,接过重托。一个月后,硬是要回了13万元工资,并如数交到老乡手中。这次经历,让"工棚律师"向永兴在武汉的重庆民工圈中出了名。

　　之后,向永兴一次次帮工友维权,执着为农民工维权的他感动了武汉市青山区总工会。该区总工会向向永兴表达了由他牵头成立农民工维权站的想法。在奉节县总工会和青山区总工会的共同努力下,2011年,重庆市奉节县总工会与武汉市青山区总工会农民工维权站成立。从此,向永兴放弃包工头工作,任农民工维权站站长,频繁奔波于新疆、甘肃、内蒙古、宜昌、长沙等地,专职为农民工维权。短短 6 年时间里,他接待农民工 800 多人,办结案件 137 件,共计结案 1 697.5 万元。其中,解决拖欠农民工工资案件 97 件,涉及 506 人,结案金额 985 万元;调解工伤、工亡案件 40 件,结案金额 712.5 万。

向永兴事迹逐渐被更多人所熟知,他也成了农民工心中的"工棚律师",先后被评为重庆市"十佳农民工"、武汉市"十佳农民工"、全国劳动模范、中国工会十七大代表,获得重庆市"五一劳动奖章"、武汉市"五一劳动奖章"。

思考题:

请结合人物故事分析在劳动实践中遇到劳动纠纷时应如何应对?

第七章　劳动实践

第一节　日常生活劳动

一、日常生活劳动的含义

日常生活劳动是指可以直接满足生活需求的劳动，是在具备生活条件的基础上能动地对生活条件再做改造，并直接服务于人的一种社会性实践活动。日常生活劳动中包含了技能型生活劳动和审美型生活劳动。技能型生活劳动是为了满足日常生活需要，通过操作性技术技能改造生活资料或生活条件的劳动形式，如打扫、做饭、洗衣等。审美型生活劳动与生活型劳动界限并不分明，审美型生活劳动是在技能型生活劳动的基础上发现美、创造美，从而获得幸福感提升的过程，比如打扫属于技能型生活劳动，但有的人想把家里布置得更温馨一些，就会在打扫的基础上进行美化，再如缝补属于技能型生活劳动，但有人觉得补丁不好看，想绣一个花纹图样，这就进阶到了审美型生活劳动了。

二、日常生活劳动的内容

（一）家务劳动

家务劳动是指家庭成员在日常的家庭生活中从事的一种无报酬劳动。家务劳动与我们的日常生活密不可分，主要有日常家居劳动，厨艺烹饪，家电、家具维修维护等内容。

1. 日常家居劳动

古语有云："一屋不扫，何以扫天下。"一个人对待生活细节的态度，往往可以折射出他对人生的态度。干净整洁的生活环境会让人感到身心放松，获得更多积极的心理体验，从而提升生活的幸福感。保持居住环境的干净卫生不仅可以提高生活效率，还会让人养成良好的生活习惯，以更好的状态迎接新一天的挑战。

（1）室内清洁。

打扫卫生看似是一个很简单的事情，但也需要讲究条理性。一般来说，打扫之前要准备好清洁工具，扫把、抹布、拖把、吸尘器、清洁剂等。根据打扫区域的不同要选择不同成分的清洁剂，比如打扫浴室和厕所要用呈弱酸性的洁厕剂，打扫厨房要用呈弱碱性的清洁剂。

打扫时要先将凌乱的空间做一个初步的整理，将物品分类归置到相应的地方，不然一边收拾一边打扫会效率极低。按照由内到外、由上到下的顺序，先里屋，再客厅，擦拭柜子先上再下，将所有垃圾和灰尘全部扫到地上后用扫把或者吸尘器一次性清扫。

最后用打湿的拖把把地面拖干净，地面如果是浅色的，拖完地以后尽量不要立刻在上面走来走去，以免在地面未干时留下脚印，做无用功。

（2）洗衣熨烫。

为什么从洗衣机里面拿出来的衣服串色了？为什么羊毛衫洗完就缩水了？为什么有的人熨衣服时衣服会被烧出一个窟窿？洗衣服、熨衣服其实是个技术活。

洗衣服的方式分为机洗、手洗、干洗。用洗衣机前，要对衣服的材质、颜色进行分类。比如，浅色系衣服和深色系衣服分开洗；材质不同、不能选择同一种洗涤模式的衣服分开洗；把容易掉色的衣服拿出来单独洗。洗衣服时，选择适当的洗涤模式，比如快洗、慢洗、常规洗等。洗完衣服后，及时晾晒，潮湿的环境容易滋生细菌，特别是雨季，若不及时晾晒，衣服就算晒干了也会有一股臭味。脱水后的衣服都搅在了一起，所以晾衣服的时候，需要用手把衣服用力甩开，特别是棉质的衣服，否则晾干以后衣服仍然是皱巴巴的。内衣内裤、袜子、婴幼儿衣物等需要手洗，手洗前需要用40℃左右的温水浸泡15分钟，让衣物被水充分浸湿，对较脏的部分，需要多加些洗涤剂重点揉搓。西服、真丝、皮革类衣服需要送到干洗店，用专业的清洁手法和工具清洗。

俗话说："人靠衣装马靠鞍。"出席正式场合时，衣服应干净平整，如何让衣物保持平整？熨烫工具显然是理想的"帮手"。常见的熨烫工具主要有电熨斗和挂烫机。挂烫机的水箱容量大，可以长时间工作，使用方法也较为简单，常用于服装店。电熨斗的熨烫效果比挂烫机好，使用时需要将衣物平铺，适合对熨烫要求比较高的人群。

（3）归置收纳。

房子住得越久，购置的东西也就越多，若不常用的物件舍不得扔，无法做到真正的"断舍离"，就需要学会收纳技巧，将空间充分运用起来。

不同的地方使用的收纳方法不一样，卧室可以充分利用床底、床头柜、收纳袋、墙面、橱柜收纳,比如将换季的衣物和不常用的物品放在床底,将台灯、眼镜、睡前要看的书放在床头柜上,将厚重的棉絮、垫被抽真空归置起来,将小件物品直接挂在墙上。客厅要遵循露少藏多的原则,把不常用的东西放在茶几、电视柜里,根据就近原则,将水杯、遥控器等物品放在容易拿取的地方。餐厅空间较小,不能放太多东西,特别是餐桌上的物品所占面积不能超过 20%,否则会显得杂乱。厨房的物品摆放相对固定,但需要分类归置,将有限的空间利用到极致,比如安装调料架、沥水置物架,把锅碗瓢盆、柴米油盐、刀叉碗碟统统归置到相应的位置,保持台面整洁。表 7-1 所示为常见的收纳工具及其优缺点。

表 7-1 常见的收纳工具及其优缺点

常见的收纳工具	优 点	缺 点
收纳盒	拿取方便,灵活使用,常用于内衣裤、袜子等小件物品的收纳	大多数收纳盒的材质是塑料的,容易干裂破损
收纳袋	真空压缩,使得物品体积变小,常用于衣物、棉絮的收纳	需要使用真空压缩泵头,使用起来比较麻烦
置物架	结实耐用,承重大,常用于厨房锅碗瓢盆的收纳	占地面积大,需要使用各种零部件组装,若安装不当,时间久了容易摇晃
收纳柜	容量大,把物品归置在里面,将有限空间最大化利用,衣柜、床头柜就是常见的收纳柜	占地面积大,有的由颗粒板材、压缩板材定做的衣柜会释放甲醛,危害人体健康

(4)针线缝补。

衣服缝补是一项基本日常生活技能,当纽扣滑落、衣服开线时总是需要进行缝补。常见的缝补针法有平针、锁边缝、回针等。

2. 厨艺烹饪

"民以食为天",中国的饮食文化名扬海内外,讲究食材精良,工序精细,菜式精致,风味多样。掌握基本的厨艺技能,会炒几个拿手菜,可以提升幸福感。

(1)主食制作。

由于南北气温、自然环境等差异,北方人主食喜面,南方人主食喜大米。主食是人体热量的主要来源,应该占到摄入热量的 60% 左右。

在没有电饭煲的年代,一碗米饭是童年和家的味道。沥米饭的制作体现着中国人的耐心和细心:锅中加入水,倒入洗干净的大米,开火煮沸,每隔一段时间就要搅拌一下,避免糊锅,待米熟到一半时,将水沥干,放入蒸笼,用筷子扎几个孔使其能够受热均匀,蒸 15~20 分钟即可出锅食用。

用电饭煲煮饭,就更为便捷了。把米淘洗干净,倒入电饭煲的内胆中,加适量清水,米和水的比例是1∶1.2。有的人掌握不好比例,可以用食指深入水中,只要碰到米时,水及食指的第一个关节即可。将电饭煲内胆底部的水擦干,放进锅内,连接电源后按下煮饭键,等电饭煲自动跳转至保温状态即可。

面食种类较多,制作过程也不尽相同。面条、包子、馒头、饺子、抄手等面食无不体现着中国人古朴的智慧,北方人讲究"上车饺子,下车面条",这是对远游亲人的无限牵挂。

包饺子具体步骤如下:① 将饺子馅备好,根据个人口味,可以选择鸡蛋韭菜、香菇肉末、酸菜粉丝等馅料;② 把饧好的面团放在案板上,搓成粗细均匀的长条,切成大小均匀的剂子,撒一些面粉在上面,避免粘连;③ 用手把面剂子按平,用擀面杖擀成中间厚、四边薄的饺子皮;④ 将饺子皮放在掌心,放入适量的馅料,将中间捏紧,两边收口;⑤ 水煮沸后放入饺子,用勺子轻轻搅动,避免糊锅,煮到饺子完全浮出水面,起锅蘸料即可。

(2)择菜备菜。

工欲善其事,必先利其器。一道菜想要做到色香味俱全,除了厨艺的好坏,最基本的还是取决于原料本身。买菜时要选择新鲜当季的蔬菜,当天现杀的鸡鸭鱼肉,肉质最为鲜美。不同的菜有不同的处理方法,叶菜类要摘去黄叶、烂叶、老根;根茎类要削掉外皮;果菜类要去皮挖出果瓤。肉类和果蔬类洗涤方式不同,肉类要用清水将血水洗净,需要放料酒、姜片等去腥除味;果蔬类根据具体情况采取清水洗、盐水洗、温水洗等不同的方式,如盐水浸泡能更好地去除菜叶上的虫卵,热水洗豆制品能够去除豆腥味,清水洗则能充分保持蔬菜的鲜嫩。

(3)家常菜烧制。

我国饮食文化源远流长,根据气候、习俗、物产、生活环境不同,发展出了各式各样的菜系,不管是川菜还是粤菜,鲁菜还是浙菜,都讲究色香味俱全。中餐的制作方式多种多样,煎炒炸煮炖各不相同。

炒是一种最基本的烹饪方式,为避免炒煳,炒菜时要使食材保持运动状态,反复翻拌,再加以调味翻拌均匀后出锅。炒主要分为生炒、熟炒、爆炒、煸炒等。

炖是将原料加汤水、配料,大火烧开后转小火炖熟成菜的烹饪方法。炖菜分为清炖和浑炖。清炖是将原材料加水炖熟,比如鸡汤、排骨山药汤,味道鲜美不厚重。浑炖是要将底料煸炒后,加入主食材,加汤水炖熟,比如牛肉炖萝卜、小鸡炖蘑菇。

蒸是利用水沸后产生的水蒸气为传热介质,使食物成熟的烹调方法。蒸菜具有含水量高,滋润、软糯、原汁原味、味鲜汤清等特点。蒸菜原料在加热过程中处于封闭状态,直接与水蒸气接触,一般加热时间较短,水分不会大量蒸发,所以成品原味俱在,口感或细嫩或软烂。

油炸是一种用热锅热油将食物快速炸熟的烹饪方法。油炸菜的口感偏脆,吃起来香脆爽口,深受年轻人喜欢。

3. 家电、家具维修维护

日常生活中,家用电器、家具会偶尔"罢工",若出现一点小毛病就请维修工人上门维修,则会费时费钱。因而,可以适当掌握一些维修维护技能,以备不时之需。表7-2为电器常见的问题及解决方法。

表 7 - 2　电器常见的问题及解决方法

常见问题	原　　因	解　决　方　法
空调不制冷	氟利昂不够;空调长时间不清洗保养;功率不够;外界环境温度过高	联系空调维修工人补加氟利昂;清洗保养空调,使得干净的室外机更容易散热;使空调的功率与所需求的制冷量相匹配;改变室外机的使用环境,移离高温环境或使室外机的周围空气更容易流通
冰箱流水	食物未冷却放入冰箱冷藏室;冷藏室的排水孔被堵	等食物冷却后再放入冰柜;用细线疏通冰箱冷藏室的排水孔
燃气打不燃火	电池有没有电;欠费停气;管道堵塞;点火针脏	更换电池;缴费后等待一定时间会自动来气;疏通或者更换管道;清洁点火针的油垢,然后再尝试点火

对于家具损坏,家中需要常备一些维修工具,比如螺丝刀、改刀、锤子、扳手、尖嘴钳等,使用时要注意安全,避免受伤。

(二) 校园劳动

劳动教育是高校教育体系中的重要一环,作为当代大学生,学好专业知识固然重要,但也需参与校园劳动,在劳动中磨炼意志,树立正确的社会主义核心价值观。

1. 公区卫生保洁

(1) 公区卫生清洁标准。

地面:无果皮纸屑、无明显污痕、未堆放杂乱的物品;

桌椅板凳:桌面干净整洁、未摆放杂乱物品,桌腿椅脚整洁;

黑板:黑板干净、无粉笔印,黑板槽内无粉尘;

讲台:教具摆放整齐,除课程相关物品外,未摆放其他杂物;

窗户:玻璃透亮无印痕,窗槽无灰尘;

墙壁:墙上未粘贴无关物品,无乱涂乱画痕迹;

过道、走廊:地面干净、未堆放杂物。

（2）公区卫生清洁流程。

教室、楼道。打扫教室前需要准备扫把、畚箕、拖把、抹布、水桶等，打扫时可按照"挪、扫、拖、擦"的顺序进行，先把放在地上的东西挪开，用扫把将垃圾清扫干净，用拖把从前向后退着拖，最后用抹布把桌椅板凳等擦干净。

实验室。实验完毕后，个人需要将通风橱内的物品归置原位，检查水电是否关好。公共区域的卫生可轮流打扫，垃圾及时清理，地面保持整洁。

校园道路。校园道路属于公共区域，需要划分区域，分时段进行打扫。要定期清捡树枝和废弃物、清扫路面的积水、拔除旁边绿化带的杂草。打扫校园道路时需要注意安全，注意来往的车辆，最好选择在人流和车流量小的时候进行。

卫生间。卫生间一般采用瓷砖或地板砖，由于洗澡等频繁地用水，墙面会溅有各种水渍，在擦拭中可用洗洁精或去污剂兑清水，用干净抹布少量蘸取擦拭，擦拭干净后再用温水擦洗，最后用干净的布擦干。卫生间的墙面要经常清洁，一般一周清洁一次为好。应用专门的厕所清洁剂清洗便池，质量较好的洁厕剂含高效除菌成分，能在清洁去污的同时，快速清除各种细菌，使异味消除。选用带弯嘴设计的产品，可以轻松地把清洁剂挤射到难以刷到的地方，使清洁更彻底。

游泳池。游泳池应当定期清洁，用长把毛刷将池底和池壁全面刷洗，投放一定量的沉淀剂，泳池开放前将吸尘泵调试好，用伸缩杆连接吸尘头吸尘，池底吸尘完毕后，用软管将游泳池表面的污物拖带到池边后处理，吸尘完毕后加入消毒剂，游泳池消毒剂浓度为 $0.3\sim0.5$ mg/L。

2. 宿舍卫生与美化

（1）宿舍卫生。

大学宿舍一般是 4～6 人间，宿舍作为学生每天待得最久的地方，需要每一个成员的爱护。对个人区域而言，床单被褥需要定期更换清洗，自己的书桌要摆放整齐，不要乱堆乱放，换下来的衣服，特别是袜子不能堆积，要及时清洗。对于洗漱台、厕所等公共区域，可确定轮值卫生制度，每人轮流打扫卫生，做到垃圾及时倒、污渍及时净、厕所及时刷。此外，宿舍空间较小，需要定期开窗通风，保持干燥整洁，避免细菌滋生，危害身体健康。

（2）宿舍美化。

宿舍多为白色墙体，配上铁架床难免显得单调，可以通过一些装饰来美化宿舍。比如悬挂小饰品、摆放绿植、设计照片墙等，将宿舍布置得更加温馨。

3. 勤工助学

勤工助学（或勤工俭学），指学生在学校的组织下利用课余时间，通过劳动取得合法报酬，用于改善学习和生活条件的实践活动，是学校学生资助工作的重要组成部分，也是提高学生综合素质和资助家庭经济困难学生的有效途径。

（1）勤工助学的意义。

勤工助学最直观的影响就是减轻了学生的经济压力,但更深层次的意义在于培养了学生的劳动能力和素养。具体而言体现在:

引导学生树立正确的价值观。参加勤工助学实质上是学生自我教育、自我提升、实现自我价值的过程,只有身处工作环境,才能体会到工作不易,进一步意识到在就业竞争激烈的社会中,必须要有一技之长,要坚持学好专业知识,转变固有的就业观念,提高自身的核心竞争力。

培养和传递责任感。勤工助学由学校统筹安排,为学生提供与其能力相适配的岗位,学生在实际工作过程中,能够感受到身份的转变,在实践中形成一种责任感、使命感。勤工助学面向全校同学招募,这种广泛的参与更能激发群体影响效应,在同学之间形成正能量传导,潜移默化地带动更多学生参与到脚踏实地的实践中来。

是学生适应社会发展的需要。在勤工助学的实践过程中,学生能得到课本之外的收获,包括但不限于基本办公能力、人际交往能力、团体协作意识、突发事件处理能力。这些都为未来的就业打下了坚实的基础,为素质教育增添助力。

（2）常见的勤工助学岗位及要求。

高校的助学岗位很多,概括来说可以分为劳务型、技术型、管理型。根据岗位属性不同,要求也自然不同。

劳务型。劳务型是最基础、最普通的岗位,虽然没有明显的技术型要求,但需要有极强的责任性和耐心。比如食堂帮工、图书馆书籍整理。

技术型。技术型岗位要求学生有相关的知识储备和专业技能,往往和本专业挂钩,最能提高学生的专业素养,实现理论知识向实践能力的初步转变。常见的技术型岗位主要有科研助理、助教、翻译等。

管理型。管理型岗位对学生的综合管理能力要求较高,需要学生充分发挥主观能动性,在实践中培养责任心。常见的管理型岗位有教务等职能部门的助理。

4. 垃圾分类处理

垃圾分类是指将垃圾按一定规定或标准分类投放,并通过分类清运和回收使之重新变成资源。垃圾分类是对垃圾收集处置传统方式的改革,是对垃圾进行有效处置的一种科学管理方法。面对日益增长的垃圾产量和环境状况恶化的局面,如何通过垃圾分类管理,最大限度地实现垃圾资源利用,减少垃圾处置量,改善生存环境质量,是当前世界各国共同迫切关注的问题之一。垃圾分类的目的是提高垃圾的资源价值和经济价值,减少垃圾处理量和处理设备的使用,降低处理成本,减少土地资源的消耗,具有社会、经济、生态等几方面的效益。学生学会垃圾分类,不仅可以树立环保意识,提升校园环境,还可以在垃圾分类工作中结合专业知识和新技术,创新垃圾分类技术。

（1）垃圾分类的意义。

① 减少占地。生活垃圾中有些物质不易降解，使土地受到严重侵蚀。垃圾分类可去掉可回收的、不易降解的物质，减少垃圾数量达 60% 以上。

② 减少污染。目前我国的垃圾处理多采用卫生填埋甚至简易填埋的方式，占用上万亩土地；虫蝇乱飞，污水四溢，臭气熏天，严重污染环境；废弃的电池含有金属汞、镉等有毒的物质，会对人类产生严重的危害；土壤中的废塑料会导致农作物减产。

③ 变废为宝。中国每年使用塑料快餐盒达 40 亿个，方便面碗 5 亿～7 亿个，一次性筷子数十亿双，这些占生活垃圾的 8%～15%。30%～40% 的生活垃圾可以回收利用。各种固体废弃物混合在一起是垃圾，分选开就是资源：1 吨废塑料可回炼 600 公斤的柴油；回收 1 500 吨废纸，可免于砍伐用于生产 1 200 吨纸的林木；一吨易拉罐熔化后能结成一吨的铝块，可少采 20 吨铝矿。垃圾中的其他物质也能转化为资源，如食品、草木和织物可以堆肥，生产有机肥料；垃圾焚烧可以发电、供热或制冷；砖瓦、灰土可以加工成建材；等等。

④ 提高民众价值观念。垃圾分类能使民众意识到节约资源、利用资源的重要性，养成良好的生活习惯，有利于提高个人素质。

（2）垃圾分类标准。

① 可回收物。可回收物主要包括废纸、塑料、玻璃、金属和布料五大类。

废纸：主要包括报纸、期刊、图书、各种包装纸等。但是要注意纸巾和厕所纸由于水溶性太强不可回收。

塑料：各种塑料袋、塑料泡沫、塑料包装（快递包装纸是其他垃圾/干垃圾）、一次性塑料餐盒餐具、硬塑料、塑料牙刷、塑料杯子、矿泉水瓶等。

玻璃：主要包括各种玻璃瓶、碎玻璃片、暖瓶等（镜子是其他垃圾/干垃圾）。

金属物：主要包括易拉罐、罐头盒等。

布料：主要包括废弃衣服、桌布、洗脸巾、书包、鞋等。

② 其他垃圾。其他垃圾（上海称干垃圾）包括除上述几类垃圾之外的砖瓦陶瓷、渣土、卫生间废纸、纸巾等难以回收的废弃物及尘土、食品袋（盒）。采取卫生填埋的方式可有效减少对地下水、地表水、土壤及空气的污染。

大棒骨因为难腐蚀被列入其他垃圾。玉米核、坚果壳、果核、鸡骨等则是餐厨垃圾。

卫生纸：厕纸、卫生纸遇水即溶，不算可回收的纸张，类似的还有烟盒等。

尘土：在垃圾分类中，尘土属于其他垃圾，但残枝落叶属于厨余垃圾，包括家里开败的鲜花等。

③ 厨余垃圾。厨余垃圾（上海称湿垃圾）包括剩菜剩饭、骨头、菜根菜叶、果皮

等食品类废物。经生物技术就地处理堆肥,每吨可生产 0.6～0.7 吨有机肥料。

④ 有害垃圾。有害垃圾包括对人体健康有害的重金属、有毒的物质,对环境造成现实危害或者潜在危害的废弃物。包括电池、荧光灯管、灯泡、水银温度计、油漆桶、部分家电、过期药品及其容器、过期化妆品等。这些垃圾一般单独回收或填埋处理。

三、日常生活劳动实践项目的设计

日常生活劳动实践项目:家务劳动实践

(一)目的:提高大学生生活技能水平,培养动手能力

(二)实践要求:动手参与家务劳动,掌握一门生活技能

(三)实施步骤

1. 通过请教长辈、视频教学等方式学习一项家务劳动技能

2. 准备劳动工具

3. 动手实践

4. 用视频或照片记录实践过程和成果

5. 形成实践报告

(四)考核标准(个人自评 20%＋班级评分 30%＋教师评分 50%,见表 7-3)

表 7-3 评分表

序号	学生姓名	考核内容					总分
		个人成果自评(20分)	班级个人心得体会分享(20分)	实践项目可行性(20分)	实践报告文案(20分)	实践成果展示(20分)	
1							
2							
3							
...							

第二节　生产劳动

生产劳动具有创造性,这种创造性生产出被社会所欢迎的产品,并且生产劳动实践参与者随着审美的提升,会逐渐萌生出对生产技艺精益求精的进取心。

一、生产劳动的含义

生产劳动是一种在全面提供技术条件和物量关系的基础上,建立劳动过程和社会生产过程的直接联系,促进劳动和生产的社会结合,从而创造物质财富的社会性实践活动。生产劳动是人类日常生活中的一项基本内容,集中体现着人的智慧、才能、情感、品格等本质力量。

二、大学生生产劳动的内容

一般来说,生产劳动体现在农业、工业、服务业劳动实践中,根据《大中小学劳动教育指导纲要(试行)》,大学生劳动生产实践应重视生产劳动锻炼,积极参加实习实训、专业服务和创新创业活动,重视新知识、新技术、新工艺、新方法的运用,提高在生产实践中发现问题和创造性解决问题的能力,在动手实践的过程中创造有价值的物化劳动成果。因此,以下讨论的生产劳动实践的内容主要包括学科竞赛、发明创造等。不同类型的生产劳动实践应有不同的实施办法。

(一)学科竞赛

学科竞赛是大学生创新实践能力提升的平台,也是检验高校人才培养质量的重要平台之一,每年全国普通高校学科竞赛评估结果由中国高等教育学会高校竞赛评估与管理体系研究专家工作组发布。2021年起,评估结果由"全国普通高校学科竞赛排行榜"更名为"全国普通高校大学生竞赛分析报告",其中包含普通本科院校大学生竞赛榜单、高职院校大学生竞赛榜单及省份大学生竞赛榜单。此处,我们主要对被纳入普通本科院校大学生竞赛评估中的部分重要学科竞赛项目进行介绍。

1. 主要学科赛事

(1)"挑战杯"全国大学生系列科技学术竞赛。

"挑战杯"全国大学生系列科技学术竞赛(简称"挑战杯")是由共青团中央、中国科协、教育部、全国学联和地方政府共同主办的全国性的大学生课外学术实践竞赛。

挑战杯竞赛包含两个不同的竞赛,这两个全国竞赛项目是交叉轮流开展的。奇数年举办的是"挑战杯"全国大学生课外学术科技作品竞赛,参赛师生约定俗成地称之为"大挑"。自1989年首届竞赛举办以来,"挑战杯"全国大学生课外学术科技作品竞赛始终坚持崇尚科学、追求真知、勤奋学习、锐意创新、迎接挑战的宗旨,对大学生的劳动教育产生了积极的影响,被称为大学生学术科技的"奥林匹克"。偶数年举办的是"挑战杯"中国大学生创业计划竞赛,参赛师生约定俗成地称之为"小挑"(又称创青春)。大挑和小挑的侧重点有所不同,大挑更注重创新,小挑则重在创业,大学生参赛时应注意自己的参赛类别,特别注意参赛时间与自己的修读年限是否匹配、与自己的专业培养方案是否契合。

(2)中国"互联网+"大学生创新创业大赛。

中国"互联网+"大学生创新创业大赛(简称"互联网+"大赛)由教育部、中央统战部、中央网络安全和信息化委员会办公室、国家发展改革委、共青团中央和各省级人民政府等主办,旨在全面深化高校创新创业教育改革、提升大学生创新创业能力、加快培养创新创业人才,纵深推进大众创业万众创新。大赛主题是"我敢闯我会创"。

大赛主要采用校级初赛、省级复赛、总决赛三级赛制(不含萌芽赛道及国际项目)。校级初赛由各院校负责组织,省级复赛由各省(区、市)负责组织,通过各省推荐,进入总决赛。在校或毕业 5 年内的中职中专、高职高专、职业教育本科、普通本科、博硕士研究生、国家开放大学学历教育学生均可参加大赛。但各赛道及赛道内各组别对参赛对象的学籍学历有不同要求,报名时可按照不同赛道、不同组别的学籍学历要求进行报名参赛。大赛主要包括五个赛道。高教主赛道除金银铜奖外设置最佳创意奖、最佳带动就业奖、最具商业价值奖等若干单项奖;青年红色筑梦之旅赛道除金银铜奖外设置乡村振兴奖、最佳公益奖等单项奖;此外还设有职教赛道、萌芽赛道、产业命题赛道。大学生参赛时应注意自己的项目类别,重点关注项目类型是否与所参加赛道要求保存一致。

(3)全国大学生电子商务"创新、创意及创业"挑战赛。

全国大学生电子商务"创新、创意及创业"挑战赛(简称"三创赛")是在 2009 年由教育部委托教育部高校电子商务类专业教学指导委员会主办的全国性在校大学生学科性竞赛。三创赛是激发大学生兴趣与潜能,培养大学生创新意识、创意思维、创业能力以及团队协同实战精神的比赛。大赛的目的是强化创新意识、引导创意思维、锻炼创业能力、倡导团队精神。

三创赛同样分为校赛、省赛、决赛,每个层次的比赛都有具体的晋级名额。三创赛分为常规赛和实战赛两类进行。常规赛包含《三创赛指南》中的主题;实战赛包含跨境电商实战赛、乡村振兴实战赛、产教融合(BUC)实战赛等。

(4)全国大学生市场调查与分析大赛。

全国大学生市场调查与分析大赛(简称市调大赛)由中国商业统计学会创办于 2010 年,是全国一流的公益性专业品牌赛事,也是学术引领、政府支持、企业认可、海峡两岸暨港澳高度联动的多方协同育人平台。竞赛宗旨为引导大学生创新和实践,提高大学生组织、策划、调查实施及数据处理与分析等专业实战能力,培养大学生的社会责任感、服务意识、市场敏锐度和团队协作精神。以赛促学、以赛促教、以赛促改、以赛促创,促进教育链、人才链、产业链的有机衔接,为社会经济发展服务。

全日制在读专科生、本科生和研究生均可参赛,专业不限。大赛设专科组、本科组和研究生组三个竞赛组别。知识赛主要考核学生对于基本理论和基础知识、技能的掌握程度。实践赛包含书面报告和展示答辩两个部分,主要考察学生理论结合实际的能力、解决实际问题的能力和综合展示的能力。

(二) 大学生创新创业训练计划项目

大学生创新创业训练计划项目包括创新训练项目、创业训练项目、创业实践项目三种类型。创新训练项目需要学生个人或团队在导师指导下,自主完成创新性研究项目设计、研究条件准备和项目实施、研究报告撰写、成果(学术)交流等工作。创业训练项目需要学生团队在导师指导下,团队中每个学生在项目实施过程中扮演一个或多个具体的角色,进行编制商业计划书、开展可行性研究、模拟企业运行、参加企业实践、撰写创业报告等工作。创业实践项目需要学生团队在学校导师和企业导师共同指导下,采用前期创新训练项目(或创新性实验)的成果,提出一项具有市场前景的创新性产品或者服务,以此为基础开展创业实践活动。

1. 创业项目计划书的撰写

(1) 确定一个好的选题。

科技成果转化是近几年国赛金奖的主要项目来源,主要包括三大部分:医疗健康、信息技术、产教融合。医疗健康,包括一些抗癌药物、医疗器械设备或新的医疗方式等;信息技术,包括芯片、AR、VR 之类的高科技技术;产教融合,是较为热门的一种,讲求的是学以致用,将地区产业结构转型升级与高校人才培养相结合起来,实现特色学科的建设,真正做到把知识转变为财富。

(2) 封面页。

封面页是容易被忽视的部分。项目计划书是资助机构了解和认识参赛者的一个很重要的窗口,须表现出专业与严谨。不同的比赛和项目需要不同的封面以表明参赛者对该项赛事或项目申报的重视与尊重。

(3) 项目概述。

这是最重要的一部分,也是读者最先阅读、浏览的部分。基金会的项目经理们每天都会收到大量的申请要求,他们也许没有足够的时间看完完整的项目计划书。因此,项目概要部分将成为影响初选结果的重要因素。在概要部分,要把最重要的所有信息汇集起来。概要一般要包括:机构的背景信息、使命与宗旨;项目要解决的问题与解决的方法;项目申请方的能力和以往的成功经验;等等。需要特别指出的是,尽管项目概要部分排在计划书的前半部,但实际上,这一部分是要在写完所有计划书以后才动手写的。

(4) 项目的经济效益和社会效益。

经济效益,是通过商品和劳动的对外交换所取得的社会劳动节约,即以尽量少的劳动耗费取得尽量多的经营成果,或者以同等的劳动耗费取得更多的经营成果。经济效益是资金占用、成本支出与有用生产成果之间的比较。所谓经济效益好,就是资金占用少,成本支出少,有用成果多;提高经济效益对于社会等具有十分重要的意义。

社会效益是指最大限度地利用有限的资源满足社会上人们日益增长的物质文化需求。人的行动自由只有在必要的公共利益范围内才能得以限制。社会效益往往在一段比较长的时间后才能发挥出来。社会效益有广义和狭义之分。广义的社会效益是相对于经济效益而言的,包括政治效益、思想文化效益、生态环境效益等。狭义的社会效益,亦与经济效益相对称,还与政治效益、生态环境效益等相并列。

（5）存在的问题与需求。

在这一部分,需要详细介绍存在的问题,以及为什么要设计这个项目来解决这些问题。要充分地说明问题的严重性与紧迫性,最好能提供一些数据,这样不但可以充分地说明问题,同时还能表明自身对这一项目的了解。此外,还可以使用一些真实、典型的案例,要说明项目的起因、逻辑上的因果关系、受益群体及其与其他社会问题之间的关联等。一般来讲,此部分最好有充分的数据和图表的支持。

（6）解决方案与实施方法。

需要介绍项目如何达到目标,即采用什么方法、开展什么活动来实现这些目标。在介绍方法时,要特别说明这种方法的优越特性。可以同时列举出其他相关的方法,并对它们进行比较,还可以引用专家的观点和其他失败或成功的案例,等等。总之,要充分说明本项目选择的方法是最科学、最有效、最经济的。同时,也要说明本项目在采用这种方法时,也存在一定的风险与挑战。此外,还要提到为了执行这一解决方案,都需要哪些条件与资源。

以国家级大学生创新训练计划项目申报书主体提纲为例:

第一章　绪论

一、选题背景及意义

（一）选题背景

（二）研究意义

二、研究内容与方法

（一）数据来源

（二）研究内容

（三）研究方法

第二章 长江经济带"经济发展-科技创新"发展水平分析

一、"经济发展-科技创新"指标体系构建

二、基于熵权法的发展指数测算

三、经济发展水平测度分析

（一）总体水平呈东中西部梯度递减格局

（二）发展速度在阶段性趋势下的两极分化

四、创新发展水平测度分析

（一）整体呈现逐年递增态势

（二）东部集聚西部分散差异格局

第三章 长江经济带"经济发展-科技创新"耦合协调分析

一、耦合协调度模型

二、长江经济带"经济发展-科技创新"的耦合协调度测算

（一）耦合协调度梯度分级

（二）耦合协调度测算结果

第四章 长江经济带"经济发展-科技创新"空间特征分析

一、"经济发展-科技创新"耦合协调度的空间演变分析

二、"经济发展-科技创新"耦合协调度的空间差异分析

（一）空间自相关模型

（二）全局空间自相关分析

（三）局部空间自相关分析

第五章 长江经济带西部腹地16个少数民族自治州现状分析

一、长江经济带16个少数民族自治州发展概况

二、西部腹地自治州经济科技发展指数分析

（一）四川三州—相对低梯度

（二）贵州三州—相对中梯度

（三）云南八州—相对高梯度

第六章 提升长江经济带经济发展与科技创新耦合协调度的对策建议

一、枢纽建设为中国芯，矩阵式发展提升经济带耦合度

二、创新发展为转向架，信息互通推动产业结构转型升级

三、经济发展为动力源，资源共享促进经济带协调发展

四、科技经济双轮驱动，共轭效应促进城市间耦合互补

五、热泵效应双向赋能，"科技两山"推动十六州经济发展

（三）发明创造

发明创造是指运用现有的科学知识和科学技术，首创出先进、新颖、独特的具有社会意义的事物及方法，来有效地解决某一实际需要。《中华人民共和国专利法》对"发明创造"作出了如下定义：发明创造是指发明、实用新型和外观设计。发明，是指对产品、方法或者其改进所提出的新的技术方案。实用新型，是指对产品的形状、构造或者其结合所提出的适于实用的新的技术方案。外观设计，是指对产品的整体或者局部的形状、图案或者其结合以及色彩与形状、图案的结合所作出的富有美感并适于工业应用的新设计。专利申请需按规定提供相关材料，由国务院专利行政部门统一受理和审查专利申请，依法授予专利权，具体流程如下图所示。

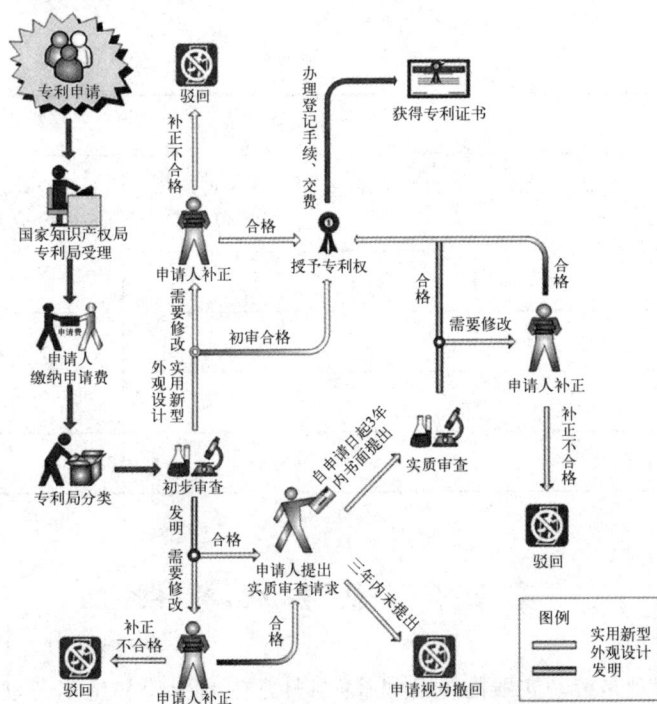

专利申报流程

三、生产劳动实践项目的设计

生产劳动实践项目：撰写一份创业计划书

（一）实践目的

编写创业计划书的过程，是一个调研与思考的过程，让创业者清楚地看到自己所有的资源、已知的市场情况和初步的竞争策略等内容。

（二）实践要求

撰写创业计划书力求准确、简明扼要、条理清晰，并且具有可行性，在不断修正中完善内容。

（三）实施步骤

1. 以个人或小组为基本单位组建团队；

2. 团队讨论确定创业方向；

3. 充分开展调研，拟定撰写思路，构思框架；

4. 学习创业计划书的撰写格式、技巧和方法；

5. 团队开展讨论，撰写创业计划书，反复修改、完善内容；

6. 定稿。

（四）考核标准（计划书内容 70％＋答辩 30％，见表 7-4）

表 7-4　评分表

序号	项目名称	考核内容				总分
		项目可行性（20分）	内容完整性（30分）	格式规范性（20分）	答辩效果（30分）	
1						
2						
3						
...						

第三节　服务性劳动

服务性劳动是劳动实践的下位概念，与日常生活劳动和生产劳动统合于劳动实践体系之下。相对于日常生活劳动与生产劳动而言，服务性劳动更强调社会本位，对提升学生的社会参与意识与责任奉献意识、深化以服务奉献为要义的劳动实践、营造服务奉献的良好社会风尚具有独特的价值意蕴。

一、服务性劳动的含义及特征

（一）服务性劳动的含义

服务性劳动是以劳动教育为逻辑本位，以社区服务、助老服务、支教服务等形式的劳动实践为逻辑支点，以提升学生道德修养、满足他人及社会需求、营造良好社会风尚为逻辑旨归的一种沟通身与心、学与做、个体与社会、理论与实践的教育实践活动。服务性劳动本质上属于马克思主义劳动教育，其本质在于引导学生体认到劳动的本源性价值，即劳动不仅创造了世界，而且"创造了人本身"。其根本旨归在于引导学生树立正确的劳动价值观，摆脱不愿劳动、不珍惜劳动成果的错误观念，是人类特有的、有目的的、对象化的教育实践活动。

（二）服务性劳动的特征

1. 开放性

服务性劳动是一个开放的过程，它不局限于校内，还涉及社会各界和各种组织。在实践过程中，大学生可以接触到各种不同的人群和组织，这不仅可以拓宽他们的视野、增长知识，而且可以提高他们的社交能力和组织协调能力。

2. 实践性

服务性劳动是一种实践性极强的活动。它不是一种单纯的理论教学，而是一个将理论知识和实践结合起来的过程。在实践中，大学生可以通过实际操作，更深入地理解和掌握理论知识，并将其运用到实践中去。

3. 服务性

服务性劳动是一种服务性质的活动。在实践中，大学生可以通过各种形式的服务，为社会和他人提供帮助和服务，这不仅可以提高他们的社会责任感和爱心，而且可以使他们更加关注社会和他人，培养出一种服务意识和服务精神。

4. 综合性

服务性劳动是一种综合性活动。在实践中，大学生不仅需要运用所学的知识和技能，还需要发挥自己的创造力和组织协调能力，解决实际问题，达成预期目标。因此，大学生服务性劳动是一个综合能力训练的过程。

5. 合作性

服务性劳动是一种具有合作性质的活动。在实践中，大学生需要与他人合作，共同完成任务。这不仅可以锻炼大学生的团队合作能力，而且可以增强他们的沟通和协调能力，培养出一种合作意识和团队精神。

总之，服务性劳动是一种具有开放性、实践性、服务性、综合性和合作性的特征的实践活动。这种实践既可以为大学生提供锻炼机会，又可以为社会和他人提供帮助和服务，是一种具有双重价值的实践活动。

二、大学生服务性劳动的分类

（一）志愿服务

习近平总书记指出劳动实践是宝贵的人生财富，是成长和进步的起始，引导青少年生活靠劳动创造，人生也靠劳动创造，通过劳动播种希望、收获果实，也通过劳动磨炼意志、锻炼自己。大学生志愿服务就是一个在实践中不断实现自我提升的过程，是一个把课堂学习的理论和实践有机结合的过程。开展大学生志愿服务，可以有效推进社会治理、社会主义和谐社会建设工作的开展。

大学生志愿服务主要包括公共管理类服务、社会保障类服务、文化宣传类服务、体育及大型赛事类服务、医疗健康类服务、环境生态类服务、社区与居民类服务等方面，这些内容都为社会的进一步发展奠定了重要的基础。

1. 公共管理类志愿服务

（1）校园管理志愿服务。

校园管理志愿服务是对校园的发展规划、环境卫生等各项工作进行组织、协调和检查的活动，主要内容包括校园平安服务、校园环境维护、校园设施管理、开学迎新等几个方面。

校园平安服务：在学校保卫处的带领下开展治安巡逻、宣传教育等安全防范工作。学校保卫处和共青团委员会作为总牵头负责单位，各院系团总支作为协管单位，共同指导、协调本校平安巡防工作的各项总体事项。各院系团总支负责招募并组建由老师带队，学生党员、学生干部和普通学生参与的平安巡防志愿行动分队，做好行动分队组织架构。各平安巡防志愿行动分队接受学校平安志愿巡防行动队的监督和指导，并积极响应学校行动支队发布的行动任务。主要志愿服务内容包括学校内部治安巡防、校园安全隐患查找、安全活动组织、安全宣传教育、应急机动和学校安排的其他工作等。

校园环境维护：高校组织志愿者对学校的环境进行维护。此项志愿服务通常由各高校团委及院系团总支根据各院系的学生人数以及校园整体的使用面积进行合理的规划安排，确定环境维护的人数和时间。或将校园环境维护作为第二课堂劳动教育的内容进行指导、管理和考核，包括对教室卫生的打扫和公共区域的日常保洁。

校园设施管理：高校组织志愿者队对学校的设施进行管理和维护。学校设施管理部门招募志愿者并对志愿者进行相关业务知识和技能培训，志愿者协助部门工作人员对学校的设施定期检查、及时维修维护。

开学迎新：各高校开学时招募志愿者迎接新生。此项志愿服务通常由各高校团委及院系团总支根据新生报到数量及时间进行合理规划安排，确定志愿者招募人数和服务时间。选派自愿参加此次志愿服务活动的学长进驻各个志愿服务站点，为新入学的学生提供咨询、引导。志愿者通过在服务站点设置的海报、横幅、旗帜以及宣传册等，向新入学同学介绍所入学高校的情况，帮助新入学的同学们顺利、便捷、安全、舒心地到达他们即将开始学习生活的地方。

（2）社会管理志愿服务。

社会管理志愿服务类志愿服务是指志愿者以服务社会为目标，通过自愿参与社会组织、政府部门、企事业单位等的管理和服务工作,为社会发展和进步贡献自己的力量。此类志愿服务活动由共青团市委、各县(市、区)团委发布动员,通过网络招募等方式面向社会公开招募志愿者。经过选拔培训后,志愿者们服从组织或服务站的安排,并认真完成分配的工作。这类志愿服务可以涉及多个方面,包括但不限于城市规划与管理、政府部门服务、企事业单位服务。

城市规划与管理:城市规划和管理是城市发展和建设的重要组成部分,志愿者可以参与到城市规划和管理工作中,如城市规划、市容环境卫生、城市交通管理。志愿者通过自己的努力,可以让城市变得更加美好,同时也能够提高自己的社会责任感和城市意识。

政府部门服务:政府是社会管理的重要力量,志愿者可以参与到政府部门的服务工作中,如政府服务窗口的咨询和办理、公共事务的处理。这些工作可以提高政府服务的质量和效率,同时也能够增强志愿者的公民意识和社会责任感。

企事业单位服务:企事业单位是社会管理的重要组成部分,志愿者可以参与到企事业单位的服务工作中,如企业社会责任活动、公益慈善事业、非营利组织管理。志愿者通过自己的努力,可以让企业更加注重社会责任,也能够提高志愿者的社会责任感和实践能力。

社会管理类志愿服务的内容非常丰富多样,可以涉及社会管理的各个领域,大学生可以根据自己的兴趣和能力选择适合自己的服务项目,为社会发展和进步贡献自己的力量。

2. 社会保障类志愿服务

(1) 爱在旅途行动。

此类活动是主要以满足春运旅客普遍性需求、关爱帮扶老幼病残孕等重点群体,服务旅客进站、取票、换乘、综合咨询等方面的春运志愿服务。此类志愿服务活动通常由各县(市、区)团委按照应需就地招募、就近就便服务原则,通过网络宣传等方式面向社会公开招募志愿者。各地志愿者可通过所在市区志愿者招募热线或网络平台在当地报名,活动发起方对选拔的志愿者进行培训,提高其服务能力与水平。通过培训的志愿者们负责在汽车站、火车站、高铁站等交通运输点为旅客提供问询向导、秩序维护、安检协助、行李帮提等常规服务;为长时间排队买票、候车的群众提供热水、板凳、雨具、应急药品等温情服务;为老弱病残孕幼及带小孩的旅客提供导购、导乘、轮椅等特殊照顾服务;在重点路段协助交警开展文明交通劝导等服务。

(2) 残疾人关爱服务。

残疾人关爱服务是指为残疾人提供各种形式的帮助和支持,以满足他们在生活和工作中的特殊需求。这些服务旨在帮助残疾人融入社会,改善他们的生活质量,提高他们的幸福感。此项目通常由各地残联组织、社区或公益组织发布动员,通过网络招募等方式面向社会公开招募志愿者。残疾人关爱服务的内容非常广泛,包括但不限于以下几个方面。首先,在日常生活照料方面,志愿者可以提供洗衣、做饭、打扫卫生等生活照料服务,协助残疾人完成日常生活中的各种活动。其次,在交通出行方面,志愿者可以提供送迎服务,帮助残疾人前往医院、学校、社区活动等地点。再次,在心理支持方面,志愿者可以提供心理咨询、精神抚慰等服务,帮助残疾人缓解情绪问题。最后,在技能培训方面,志愿者可以提供职业培训、学习辅导等服务,帮助残疾人掌握技能、提高自我发展能力。总之,残疾人关爱服务的目的是为了帮助残疾人改善生活、融入社会,使他们能够享受公平和平等的生活。这些服务不仅可以减轻残疾人的生活负担,也可以提高残疾人的社会的关注度和志愿者的社会责任感。

（3）寸草心行动。

此类志愿服务活动是以爱老敬老为主题的青年志愿服务。通常为各院系团总支与养老院联系沟通确定服务时间和内容,各院系团总支招募志愿者组成志愿服务队,从老年人日常生活的实际需求出发,重点开展日常照料、心理辅导、医疗保健、防诈骗法律援助、科普知识宣教、文化艺术表演等志愿服务。

3. 文化宣传类志愿服务

（1）法律宣讲。

法律宣讲以高校宣传部为牵头单位,各院系团总支招募志愿者组织开展宪法等法律法规宣传系列活动,如"3·15"消费者保护法宣传、"12·4"宪法宣传周等宣传活动,将法律宣传有机融入升旗仪式、主题班会、社团活动等,通过专题讲座、知识竞赛、模拟法庭等多种形式,着力培育学习法律、尊崇法律的校园法治文化。

（2）艺术与文化推广。

艺术与文化推广是指通过各种渠道和方式,向公众宣传和推广艺术作品、艺术家和文化机构,使更多的人了解和欣赏艺术与文化,从而促进艺术与文化的普及和传承。这种推广往往是通过展览、演出、出版、广告等方式来实现的,志愿者们帮助当地艺术家和文化机构推广他们的作品和活动,组织文化活动,如音乐会、艺术展览和文化节。

（3）国际交流和翻译服务。

某些特定的国际性赛事或者活动通常面向活动举办地的高校选拔招募志愿者。通过选拔的志愿者将在特定的时间接受统一培训。培训结束后志愿者们在活动或者赛事现场进行志愿服务,包括为外国的参赛选手或者游客提供国际交流和翻译服务,帮助他们更快地了解活动或赛事的情况以及当地的人文环境等。

4. 体育及大型赛事类志愿服务

针对某一特定的活动或者赛事进行的志愿服务工作。此类大型活动通常面向活动举办地所有的普通高校选拔招募志愿者。在明确各类别志愿者招募原则的基础上,活动组织方通常委托各高校负责自主招募选拔,报志愿者部审查备案。通过选拔的志愿者将在特定的时间接受志愿者部统一举办的通识培训、礼仪培训、骨干培训、围绕突发事件应急处理与紧急救护等专项培训。培训结束后志愿者们按照志愿者部的安排,在活动或者赛事现场进行志愿服务。

5. 医疗健康类志愿服务

(1)献血活动。

高校团委或各院系团总支与所在地中心血站联系沟通,开展献血车进校园活动。由高校团委或各院系团委在本校进行志愿者招募,志愿者们从多方面、多渠道宣传呼吁在校学生积极参与献血活动,在献血时为献血者们进行指引和协助,帮助献血者们有序进行信息登记,进行相关的体检确保献血的安全性;准备好相关物品,如小面包、葡萄糖、温水等,制定应对突发情况的紧急措施,为青年献血者们提供良好的保障。

(2)关注眼健康活动。

高校团委或各院系团总支与所在地的盲人协会、残联组织、眼科医院进行联系与沟通,邀请对方进校园为在校师生进行眼睛健康知识宣讲。高校团委或各院系团总支招募志愿者,志愿者做好呼吁宣传、迎宾和观众引导等后勤工作;设置爱眼宣传站点,向往来的师生进行保护眼睛健康等相关知识的宣传与科普,形成爱护眼睛的良好校园氛围。

6. 环境生态类志愿服务

(1)环境保护活动。

各院系团总支在征得管理人员的同意后在人流量较大的公共场所搭建宣传点,志愿者们通过现场讲解、发放宣传手册等方式开展环保宣传活动,向来往的行人讲解提高环保意识的重要性;志愿者们在保证自身安全的情况下沿街、沿江仔细清理街边、江边、石缝和杂草中的塑料袋、饮料瓶、烟头等垃圾,呼吁大家共同保护环境卫生,禁止随地乱丢垃圾,严禁向河流、湖泊等周边倾倒、乱扔垃圾,共同打造一个舒适、干净的生活环境。

(2)文明旅游倡导活动。

此类志愿服务活动是引导市民游客树立文明旅游价值观、对市民游客进行文明告知和文明提醒、维护景区环境等的志愿活动。此类志愿服务活动由共青团市委、各县(市、区)团委发布动员,通过网络招募等方式面向社会公开招募志愿者。经过选拔培训后,志愿者们服从组织或服务站的安排,并认真完成分配的工作。志愿者们通过向市民和游客宣讲文明知识、发放旅游宣传资料等多种形式宣传文明旅游观念,倡导文明出行;指引着游客有序验码并排队入场,为游客指路,提供游玩建议;协助景区工作人员做好秩序维护,劝阻游客大声喧哗、越线乱动展品等不文明现象。

7. 社区与居民类志愿服务

(1) 网络文明倡导活动。

此类志愿服务活动包括宣传互联网法律法规、讲解网络防护技能、倡导网络文明新风等志愿活动。高校团委或各院系团总支与周边社区联系,共同开展网络文明宣传咨询活动。高校团委或各院系团总支招募志愿者,志愿者们负责在社区设置的文明上网宣传服务台处向周边居民发放与网络文明、安全上网等相关的宣传资料,引导居民文明上网,共建和谐网络。

(2) 社区服务。

社区服务是一个社区为满足其成员物质生活与精神生活需要而进行的物质、文化、生活等方面的服务。此项志愿服务通常由当地社区发布动员,通过网络招募等方式面向社会公开招募志愿者。志愿者们为社区提供各种服务,例如社区清洁、绿化、维护、公共设施的维修、便民利民服务等,对社区物质文明与精神文明建设有着很大的推动作用。

(3) 安全防范。

此项志愿服务通常由当地社区发布动员,通过网络招募等方式面向社会公开招募志愿者。志愿者们协助社区加强安全防范,例如巡逻、安保、协助处理突发事件等。大学生志愿者在这个过程中既可扩大自己的生活圈子,也可亲身体验社会的人和事,加深对社会的认识,这对大学生自身的成长和能力提高是十分有益的。志愿者在参与志愿工作的过程中,除可以帮助人以外,更可培养自己的组织、领导能力,学习新知识,增强自信心,学会与人相处。

(二) 社会实践

1. 暑期"三下乡"

暑期"三下乡"是指大学生在学校的组织下,在一定的实践场所中开展的以科技、文化、卫生为主要内容的社会实践活动,它以青年学生为主体,以高校为依托,以农村乡镇基层为对象,服务内容与当地实际需要相结合,影响面广,是大学生社会实践中的品牌项目。大学生暑期"三下乡"社会实践活动由高校团委、各院系团总支组织,在每年暑期进行,和学校正常的教学时间不冲突,便于活动开展。活动期限较短,一般维持在 5~12 天。劳动教育是暑期"三下乡"实践活动的逻辑起点与本质,而暑期"三下乡"实践活动是高校开展劳动教育的重要形式。大学生暑期"三下乡"的本质在于将教育与社会经济、政治、文化的发展相结合,既要发挥教育的社会功能,又要达到实践育人的目标。

（1）科技下乡。

科技在暑期"三下乡"中扮演着重要角色。首先是在线教育在支教活动中得到了广泛应用。通过视频直播、在线课堂等方式，高校学生可以远程向农村学生传授知识。这种教育方式可以有效地弥补农村学校师资缺乏的问题，提高学生的学习成绩。其次是农业科技，农业科技在支农活动中也扮演着重要角色。高校学生可以使用各种农业科技手段，如智能化农机、无人机，帮助当地农民完成农业生产。这些科技手段可以提高生产效率，减轻农民的劳动强度。最后是互联网医疗，在支医活动中，互联网医疗成了一种新的方式。高校学生可以利用互联网医疗平台，向当地居民提供远程医疗服务和健康咨询。这种方式可以提高医疗资源的利用效率，同时也能够满足当地居民的部分医疗需求。此外，科技还可以用于数据收集和分析。通过采集和分析当地的气象、土壤、生态等数据，可以为农业生产、环境保护等方面提供参考意见。这些科技手段可以为暑期"三下乡"活动提供更多的支持和帮助，促进城乡之间的互动和交流，推动农村地区的发展和进步。

（2）文化下乡。

暑期"三下乡"是一项重要的文化活动，它蕴含了丰富的文化内涵。首先是文化交流，暑期"三下乡"活动促进了城乡之间的文化交流。高校学生可以将自己所学的知识和文化传授给当地的居民，与他们分享自己的见解和思考。同时，学生们也可以向当地居民学习他们的文化、传统和生活方式，了解他们的价值观和信仰体系。这种互相交流可以增进彼此的理解和尊重，促进社会的和谐发展。其次是文化传承，暑期"三下乡"活动还有助于农村文化的传承和保护。高校学生可以帮助当地居民保护和传承他们的传统文化、民间艺术和习俗习惯。例如，学生们可以帮助当地居民绘制传统的壁画、制作传统的手工艺品等，这些文化艺术品可以作为当地文化遗产的一部分得到保护和传承。最后是社区建设，暑期"三下乡"活动还可以促进社区的建设和发展。高校学生可以通过各种方式，如文化讲座、文化活动、志愿服务等，参与到当地社区的建设中。他们可以帮助当地居民解决一些实际问题，提高社区的生活质量和文化水平。例如，学生们可以组织一些文化活动，如文化节、文艺比赛等，增强当地居民的文化自信和文化认同。这些活动的开展不仅有助于高校学生的个人成长和发展，也有助于促进城乡文化的交流和融合，促进社会的和谐发展。

（3）卫生下乡。

在卫生方面，暑期"三下乡"活动可以带来以下三个方面的影响和作用。首先是卫生宣传和教育，高校学生可以向当地居民宣传和讲解有关健康卫生方面的知识，如饮食卫生、个人卫生、疾病预防等方面的知识。他们可以制作宣传海报、宣传手册、宣传视频等,通过各种形式向当地居民传递这些知识。其次是环境卫生整治,高校学生可以通过自己的努力和力量来协助当地居民进行环境卫生整治。他们可以组织清洁环境的志愿服务,清理垃圾和污水,整治公共卫生设施等,提高当地环境卫生水平。最后是健康服务,在暑期"三下乡"活动中,高校学生可以为当地居民提供一些基本的健康服务。例如,为当地居民进行基本的身体检查,发现其身体异常的情况,并提供相应的指导和建议。他们还可以协助医生进行巡诊和义诊,为当地居民提供基本的医疗服务和诊断。通过卫生下乡系列活动,可以提高当地居民的健康水平和卫生意识,帮助当地居民进行环境卫生整治,为当地居民提供基本的健康服务。同时,这些努力也可以帮助高校学生了解农村地区的实际医疗卫生情况。

2. 社会调研

大学生社会实践中的调研是指对某个具体问题或现象进行深入的了解和探究,以获取相关信息和数据。在社会实践中,调研是非常重要的一环,可以帮助学生更好地理解社会,提高他们的综合素质和实践能力。

社会调研包括研究对象、研究目的、研究方法、研究步骤几个方面。

研究对象:在调研过程中,需要明确研究对象,也就是需要对哪些人、事、物进行研究。比如,可以研究某个社会问题,如贫困问题;也可以研究某个社会群体,如流浪汉;还可以研究某个社会现象,如环保问题。

研究目的:在明确研究对象后,需要明确研究目的,也就是为什么要进行这个研究。研究目的可以是了解问题的成因和影响,找出解决问题的途径和方法,或者为后续的政策制定和决策提供依据。

研究方法:在调研过程中,需要选择适合的研究方法。研究方法包括问卷调查、深度访谈、实地观察、档案资料分析等。不同的研究方法适用于不同的研究对象和研究目的。

研究步骤:在进行调研前,需要制定调研计划,包括研究时间、地点、对象、目的、方法等。在实施调研时,需要对研究对象进行实地观察和访谈,并对所获得的数据进行整理和分析。最后,需要对调研结果进行总结和归纳,形成调研报告。

本章复习思考题

1. 大学生为什么要参与生活劳动实践?

2. 大学生如何通过参与生产劳动提高个人综合素质?

3. 大学生参加志愿服务的途径有哪些?参与志愿服务的意义是什么?

杂交水稻之父袁隆平

袁隆平，中国工程院院士，"共和国勋章"获得者，享誉海内外的著名农业科学家，中国杂交水稻事业的开创者和领导者，被誉为"杂交水稻之父"。

幼年的袁隆平生活在急剧动荡的社会中，因为战乱，全家四处漂泊、逃难，辗转湖北、湖南等地。即便身处艰苦环境，袁隆平的父母仍然重视子女的教育。尤其是母亲华静，对袁隆平影响深远，在母亲的教育下，袁隆平勤于思考，做事一丝不苟。母亲曾带着幼小的袁隆平游览"神龙洞"，看到络绎不绝的人来祭拜神农塑像，袁隆平不解地问母亲："为什么神农这么受人爱戴呢？"母亲告诉他："神农氏是中国人的始祖。相传5 000多年以前，人们多食用肉食，饱受疾病之苦。为此，神农氏创耕耘、植五谷、驯禽兽、尝百草，为民疗疾，是人们万世敬仰的先贤。我们吃的粮食都是当年神农氏教人们种植的。"母亲教导袁隆平：粮食是从土里长出来的，人身上穿的衣服也是从黄土地上收获的棉花制作而成的，所以人类的衣食住行都离不开土地的馈赠，土地就是生命之源。在母亲的引导下，袁隆平一直对大自然心怀敬意，心中深深地印上了粮食珍贵和民生疾苦的烙印。19岁那年，袁隆平凭借优异的成绩，如愿以偿地考取了西南农学院，专门学习农业领域的科学知识。

1953年，袁隆平顺利毕业，被分配到了偏僻的安江农校教书，他在那里一待就是16年。任教期间他经历了三年自然灾害，眼看着不少百姓因为吃不上饭而倒在了路上。疾病、饥饿、伤痛、死亡……望着满目疮痍的景象，人们脸上的痛苦，袁隆平更加明确"民以食为天"。儿时的田园梦，交织着已经远去的战火声，袁隆平下定决心要从根源上解决大家饿肚子的问题。他开始研究"杂交红薯"，但由于知识经验有限，研究未能成功，在母亲的鼓励下，他重拾信心，接触到水稻培植领域后，毅然开始转向研究水稻，他把所有的热情与青春，都投入了对水稻的研究中。

1961年7月的一天，行走在稻田中的袁隆平发现了一株饱满的特殊水稻。之后他每天都蹲在田里观察，他敏锐意识到这正是一株天然杂交水稻。灵感开始在他的头脑中闪现，如果可以人工培育杂交稻，那么水稻必将大大增产。深山教师袁隆平提出这一想法后，被许多人嘲笑这是对经典学术理论的背叛与颠覆，甚至这被视为对基本遗传学无知的表现。在一片质疑声中，袁隆平没有放弃，他开始了艰辛而漫长的实践之路。袁隆平不惧艰难，哪怕炙热的阳光和地里蒸腾的热气在他身上肆意翻滚，他却浑然不觉，在稻田里一待就是一整天。

他视水稻为自己的孩子，只要水稻还在生长期，就必定每天观察，就算眼睛刚做了手术、肺部感染，一天要打三次针，他也从不缺席。

终于，功夫不负有心人，在观察了 14 万多个稻穗后，他的团队找到了 6 株不育株，经过连续两年春播与翻秋，共有 4 株繁殖了 1～2 代。1966 年，袁隆平的第一篇论文《水稻的雄性不孕性》发表在《科学通报》上。自此，他把自己的命运与粮食的命运紧紧连在了一起。然而，一场暴雨过后，之前种下的稻苗都被人拔了下来，所有心血一夜之间被毁，看着眼前的情景，袁隆平浑身直打寒战，他在泥地里呆坐了许久。甚至还有人恶意诽谤："秧苗定是他害怕实验不成功，自己拔的。"强忍悲愤的袁隆平，开始在学校里四处奔走，他又用当年寻找水稻的劲头，执着地寻找起来。直到事发后的第四天，在找遍了学校的每一个角落后，他终于在一口井里发现了自己的试验秧苗，这五棵劫后余生的秧苗，挽回了袁隆平四年的心血，也再次挽救了杂交水稻。很多人嘲笑他的坚持，袁隆平却说："无论遇到什么困难，我决不会退缩。"失败和污蔑没有将他击败，反而让他变得愈发坚强。

袁隆平

为加快杂交水稻的研究进度，抢回失去的时间，袁隆平带着李必湖、尹华奇两个学生远赴海南开展研究。海南虽然育种条件优越，但生活条件十分艰苦，尤其是对这几个外乡人来说，难以适应。在这里，没有固定基地，只能租用土地，没有住的地方就自己搭窝棚，再砍几片棕榈叶当床。由于天气湿热，蚊子又多又大，一咬就是一个大包，他们睡觉时就裹着塑料袋防蚊虫，不一会就浑身冒汗，经常整晚睡不着觉。白天在地里，更是头上烈日晒，地上湿气蒸，由于扬花授粉的最佳时间就是每天最热的时候，所以常常有人中暑晕倒，生活虽然艰苦，但袁隆平心态却很好，海南岛丰富的自然资源也给水稻研究准备了一份特殊而又珍贵的礼物。

1970年，在被当地人视为杂草的野生稻中，袁隆平团队发现了3株不育野生稻，而这3株野生稻正是典型的败育型雄性不育稻。此后，袁隆平以这3株"野败"为基础，成功地完成了"三系"配套研究。1976年开始，全国推行杂交水稻，到1998年，全国一半的稻田都在种杂交水稻。他被全世界誉为"杂交水稻之父"。时至今日，我国已繁育了数不胜数的杂交水稻品种，但每个品种都有当初"野败"的基因。

凭借着这颗宁静而坚韧的心，袁隆平在历经暴风雨般的挫折和困境后，完成了自己多年来的愿望：不让人们挨饿。他还给自己设立了三个任务，高产、高产、超高产，研发出海水稻和第三代杂交水稻，一秒都耽误不得。袁隆平说："我曾梦见杂交水稻的茎秆像高粱一样高，穗子像扫帚一样长，籽粒像花生米一样大，我和助手们一块在稻田里散步，在稻穗下面乘凉……我把这个梦称为禾下乘凉梦。这是我的梦想，是我追求的目标。"如今，袁隆平心中的"禾下乘凉梦"正在一步一步变成现实。

思考题：

1. 根据案例，请阐述袁隆平在研究实践过程中遇到了哪些难题？

2. 袁隆平的杂交水稻解决了世界性温饱难题，如今，水稻产业作为乡村振兴的支点，作为当代大学生，如何运用专业知识开展乡村振兴社会实践活动？

第八章　劳动教育质量评价

第一节　劳动教育质量评价概述

一、劳动教育质量评价的依据

2020 年 3 月，中共中央、国务院颁发《关于全面加强新时代大中小学劳动教育的意见》（以下简称《意见》），劳动教育更加得到重视，各高校也开始相继开展大学生劳动教育。习近平总书记在全国教育大会上发表重要讲话，指出要引导当代学生崇尚劳动、弘扬劳动精神。该项指示已从行为范式、目标追求、价值判断方面，阐明新时代劳动教育的目标任务，明确高校展开高质量劳动教育的方向。[①] 高校要大力加强劳动教育，全面构建实施劳动教育的政策保障体系，开展劳动教育情况考核，将学生劳动实践纳入综合素质评价。

二、劳动教育质量评价的原则

1. 评价的发展性原则

劳动教育质量评价目的在于推动每个学生在原有的劳动态度、水平上有新的提高，应从发展性的角度探讨评定学生的劳动成果、表现与进步，并给予充分的肯定与鼓励。

2. 评价的整体性原则

劳动教育质量评价的整体观要求在评价中把课程教学和评价进行统整，使它们融合为一个有机整体，贯彻到活动进行中去，将学生在劳动中的各种表现和劳动成果，作为评价学生劳动情况的依据。

3. 评价的多元性原则

劳动教育质量评价主体是多元的。教师、学生、家长、校外指导教师等都可以作为评价者，在活动过程中，应特别重视学生的自我反思性评价，通过学生的自我

---

① 张拥军：《新时代高校志愿服务育人功能及实现路径探析》，《思想教育研究》，2019 年第 6 期。

反思评价,提高他们掌握劳动技能的能力、自我教育的能力。

4. 评价的过程性原则

劳动教育质量评价要重视对学生劳动过程的评价。对学生进行评定的作业应该揭示学生在活动过程中的表现以及他们是如何解决问题的,而不仅是针对他们提出的结论。即使最后结果按计划来说是失败的,或者没有得出所谓的"科学"结论,但只要学生经历活动过程,对自然、社会和自我形成了一定的认识,获得了实际的体验和经验,就应给予学生积极的评价。要重视学生在活动过程中获得的宝贵经验的发展价值。通过肯定其活动价值,营造体验成功的情景。

总之,综合劳动实践活动的评价要重视过程,注重坚持"学生自我参照标准"而不是"科学参照标准"或"成人参照标准",即注重学生在综合实践活动过程中的实际体验和发展程度,而不是以科学发展的水平,或者成人的认识水平来评价学生进行综合实践活动的最终结构的科学性。这是注重过程评价必须坚持的基本原则。

三、劳动教育质量评价的意义

(一) 提高本科教育质量

提高本科教育质量是当前我国高等教育发展和改革的重中之重,而要提高本科教育质量,必须建立科学的劳动教育质量评价体系。

首先,劳动教育质量评价体系的构建是本科教学质量研究的核心内容之一。科学的劳动教育质量评价体系,有利于应用型大学进行本科教学质量评价。其次,劳动教育质量评价体系的建立,不仅为开展学生劳动素养的过程性评价建立体系,还为开展学段综合性评价创建依据,这有利于培养学生的劳动素养、劳动精神,发掘学生的兴趣,帮助学生锻炼劳动能力,为青年学生的人生发展奠定基础。再次,建立科学的劳动教育质量评价体系,可以督促学生通过对专业劳动知识的学习和专业劳动技能的训练,熟练掌握某一专业领域、行业的基本理论和基本技能,成为满足社会需要的合格人才。最后,劳动教育质量评价体系的建立是提高本科教育质量的关键一环,科学的劳动教育质量评价体系的建立有利于实现高等教育质量标准的多样化。

(二) 推动我国深化劳动教育改革

劳动教育是全面贯彻党的教育方针、落实立德树人的根本任务,是全面发展素质教育的重要内容,是培育和践行社会主义核心价值观的重要途径。在新时代背景下,高校开展大学生劳动教育不仅是深化思想政治教育的重要举措,更是进一步推动素质教育健康发展的有效手段。为充分发挥新时代大学生劳动教育的价值作用,进行科学的劳动教育质量评价势在必行。我国当前正处于经济升级、文化转型的关键时期,劳动教育的意识、机会、场地等因素均已有所变化,尽管劳动教育在促进个人全面发展,以及维持社会正常运转等方面的积极效应并未衰减,但是劳动教育在我国教育领域的实施过程中却存在淡化、异化、边缘化等现象。理论作为行动的先导,认识层面的偏差可能会带来现实行为的错误。因此,进行科学的劳动教育质量评价,推动我国深化劳动教育改革实有必要,这不仅可以有效检验劳动教育开展的成效,全面提升高校学生的劳动素养,使其适应新时代劳动样态的转化,还能不断补齐高校劳动教育的短板,提升高校劳动教育质量。

(三) 提升新时代大学生劳动教育质量

青年大学生是实现中国梦的生力军,肩负着实现国家富强、民族复兴、人民幸福的时代重任。劳动教育质量评价旨在推动高校精准把握新时代大学生劳动教育的基本内涵和目标价值,发挥高校在大学生劳动教育中的主导作用,结合学校人才培养目标、学科特点、办学传统、校园文化和资源条件,从课程、师资、实践、考核、文化等方面扎实推进劳动育人。劳动教育质量评价能推动高校继承和发扬办学过程中的自强不息、吃苦耐劳的精神。如举办"劳模大讲堂""大国工匠进校园"等活动,让大学生有机会近距离接触劳动模范,感受劳模精神;开展劳动主题教育,弘扬中华优秀传统文化中蕴含的劳动精神,充分挖掘其中蕴含的丰富劳动教育资源。高校还可以参照大学生学业评价体系和高校人才培养质量评价体系,完善大学生综合素质测评机制,将劳动教育作为五大维度之一,客观评价大学生的社会服务意识和社会责任感、团队理念和合作意识、科学思维和创新能力等的提升情况;强化大学生劳动素养评价结果的价值应用,将其作为大学生评优、考核等方面的重要依据。同时,高校劳动教育质量评价的目的在于凸显专业教育目标多样性的特点,在大学生劳动素养评价中实施多元评价。

(四) 助力大学生更加充分更高质量就业

推动大学生更加充分更高质量就业是一项系统工程,受到国家宏观经济形势、科技产业发展、社会舆论思潮等多个因素影响。促进大学生更加充分更高质量就业,需要从产业政策、税收政策、分配政策、教育政策、宣传政策等多个方面共同推进。高等学校劳动教育是高等教育的重要内容之一,是培养和塑造新时代青年劳动观、价值观和就业观的重要举措,必须加以高度重视,深入研究劳动教育的规律和特点,多措并举。劳动教育尤其是高等院校劳动教育及其政策实施主要聚焦劳动观念培育、劳动技能提高和创新能力培养等三个方面,充分结合劳动教育理念,通过多种劳动教育形式,塑造学生劳动观念、传递劳动知识、传授劳动技能、端正劳动态度,在就业形势严峻的情况下,有针对性地开展劳动教育,解决毕业生就业难问题,努力提高大学生的就业能力,实现大学生更加充分更高质量就业。

就业是民生之本,大学生就业是国家和社会关注的焦点。当前,大学生就业压力不断提高。与此同时,很多大学生仍以北上广深一线城市,以及东南沿海地区为就业首选,不愿意选择西部和基层岗位;越来越多的毕业生出于稳定的考虑,把体制内的工作岗位作为就业首选;部分应届毕业生将工作事宜抛之脑后,在悠闲的生活中产生就业倦怠心理,主动选择推迟就业或不就业。当代大学生就业过程中出现的这些现象在一定程度上折射出我国高等院校劳动教育缺失的问题,必须加以高度重视。加强高等院校劳动教育,完善劳动教育质量评价体系可以有效帮助大学生树立正确的价值观、培育健康的劳动观,培育大学生良好的职业素养和积极健康的职业观、就业观,促进大学生实现更加充分更高质量就业。面对即将走出校门、走进社会的青年学子,总书记强调:"要弘扬社会主义核心价值观,努力做到德智体美劳全面发展。劳动最光荣,我们的幸福生活是靠劳动创造的,一夜暴富、一夜成名是不现实的。大学生就业要怀着一颗平实之心,综合考虑自身条件和社会需求,防止高不成、低不就。"[①]当前,我国正处于建设和实现社会主义现代化强国的关键时期,培养合格的社会主义劳动者和接班人是教育部门的重要使命和任务。

(五)发挥劳动教育的综合育人功能

培育高校学生劳动精神、提升高校劳动教育质量是当前高校实现全面发展的重要举措。立足教育部相关政策文件,劳动教育综合育人功能指的是劳动教育具有"树德、增智、强体、育美"的综合育人价值,即在劳动教育促进个体"劳"的发展基础上,强调劳动教育促进学生在"德""智""体""美"方面的综合发展,这与劳动教育同德育、智育、体育、美育融合发展的概念不同。劳动教育与其他四育融合发展是指五育在全面发展的教育体系中共同实施,是从教育发展理念上看"五育"的融合与统整。值得注意的是,劳动教育综合育人功能发挥与五育融合,二者也存在着紧密关联。

构建劳动教育质量评价体系有利于发挥劳动教育的综合育人功能,促进学生的全面发展。首先,建立科学的劳动教育质量评价体系,有利于规范劳动教育课程体系、教学体系、管理体系,为保障劳动教育提供基础和前提,以此推动劳动教育育人功能的发挥,促进学生的全面发展。其次,建立科学的劳动教育质量评价体系,有利于发挥过程性评价对提升学生劳动主动性和积极性的作用,让学生人人"想劳动、愿劳动、爱劳动",激励学生积极参与劳动教育活动,全面提升学生综合素质。最后,建立科学劳动教育质量评价体系还有利于引导学生对劳动过程开展积极的反思,从而更好地把握劳动技能,增进劳动情感。

四、劳动教育质量评价的要求

(一)立德树人、全面发展

把握育人导向,坚持立德树人根本任务,把劳动教育纳入人才培养全过程,知

---

① 赵婀娜、丁雅诵、吴月:《千方百计帮助高校毕业生就业》,《人民日报》,2022年06月15日。

行合一,发挥劳动育人功能,把劳动素养评价结果作为衡量学生全面发展情况的重要内容,作为评优评先的重要参考和毕业依据。强化马克思主义劳动观教育,注重围绕创新创业,结合学科专业开展生产劳动和服务性劳动,积累职业经验,培育大学生创造性劳动能力和诚实守信的合法劳动意识。着力提升学生综合素质,促进学生全面发展、健康成长。

(二) 强化过程、多元评价

关注学生成长过程,全面客观记录学生课内外劳动过程和结果,评价内容多维度,评价方式、参与主体多元。将劳动教育放在与其他课程教育同等重要的地位,充分发挥考核指挥棒的导向作用,提高学校和学生对劳动教育的认识水平和重视程度,完善劳动教育的考核评价机制,提升劳动教育考核考评机制的科学性和合理性。健全劳动教育考核评价机制,将劳动教育质量纳入评价体系,制定评价标准,建立激励机制。组织开展劳动技能和劳动成果展示、劳动竞赛等活动,给每个学生和每个班级建立劳动档案,对每项劳动任务完成情况实行量化考核,注重过程性评价与终结性评价相结合。

(三) 科学规范、智慧评价

遵循教育评价的基本要求,严格规范评价方法程序。劳动教育的科学化水平直接决定着劳动教育的质量,提升劳动教育的科学化水平是完善劳动教育质量标准的关键。充分运用信息技术推进"互联网＋"劳动教育评价融合创新,促进评价大数据应用、智能化管理、常态化实施,确保评价结果客观精准。

(四) 强化应用、以评促学

将劳动教育指标纳入学生综合素质评价、教育质量综合评价体系,注重评价结果的科学应用,充分发挥评价的引导、诊断、改进与激励等功能。建立评价体系,平时表现评价档案、学年综合评价、学生综合素质评价体系等。将学校劳动教育结果纳入绩效考核,促进劳动教育目标有效达成。

第二节　劳动教育评价体系

一、劳动教育管理体系评价

劳动教育管理体系是实施劳动教育的制度保障。原有的实践中,有的学校将劳动当作惩戒学生的手段,这实际上是将劳动放在了"劳动光荣"价值概念的反面,歪曲了劳动教育初衷。因此,劳动教育管理体系应该建立合理的规定和制度,使得劳动教育体系的各方面能保持正面教育作用,并积极推进劳动教育,从管理体系方面保障劳动教育能使学生树立正确的劳动观念和劳动习惯。为完善管理体系,需要劳动教育主管和实施部门,根据劳动教育本身规律,制定经费使用、实施和评估制度,以保障劳动教育的实施,将学校劳动教育的实施情况纳入评价内容中。

(一)组织管理

(1)组织机构。学校有由校领导和专职管理人员及专兼职教师组成的劳动实践工作组织管理机构,分工具体,职责明确。

(2)发展规划。有劳动实践场所建设发展规划,并纳入学校整体发展规划之中;有本年度工作实施计划,目标明确,措施得力。

(3)管理制度。有完整配套的管理办法,各项规章制度健全。

(4)档案管理。有完整全面的劳动实践教育教学工作管理档案,档案分类清晰、装订规范,存放妥善并便于查阅。

(二)劳动实践场所建设

(1)建设规模。有劳动实践场所(如苗圃、果园、水塘、菜园、温室、大棚、花卉、药园、基地等),基地大小以能组织班级学生开展活动为宜。

(2)建设标准。劳动实践场所建设应具有"景观性、育人性、实用性和先进性",并与校园整体环境和谐统一;挂设知识性、系列化的规范性标牌;做到劳动文化与校园文化巧妙融合。

(3)产品开发。开发一些学科专业中涉及的和适合本地区气候生长的动(植)物,培育有一定科技含量的新品种,学习劳动新技术。

(4)资金投入。劳动实践场所建设和产品开发逐年有资金投入。

(三)其他奖励加分

(1)在新城级以上教育行政部门组织的课题研究,劳动实践教学优质课、示范课、优秀教学设计评比中获得奖励。

(2)承办新城级及以上劳动教育现场会、观摩会、研讨会;被新城级以上主管部门表彰或宣传报道。

(3)奖励每次按国家级 6 分,省级 4 分,市级 3 分,新区级 2 分,新城级 1 分叠加。

二、学生劳动素养评价

要将劳动素养纳入学生综合素质评价体系,以劳动教育目标、内容要求为依据,将过程性评价和结果性评价结合起来。要健全和完善学生劳动素养评价标准、过程和方法,鼓励、支持各地利用大数据、云平台、物联网等现代信息技术手段,开展劳动教育过程检测与纪实评价,发挥评价的育人导向和反馈改进功能。

(一)平时表现评价

要在平时劳动教育实践活动中及时进行评价,以评价促进学生发展。要覆盖各类型教育活动,明确学年劳动类型、次数、实践等考核要求。关注学生在劳动教育活动中的实际表现,注重从行为表现中分析把握劳动观念的形成情况。平时表现评价以自我评价为主,辅以教师、同伴、家长、服务对象、用人单位等他评方式,指导学生进行反思改进。要指导学生如实记录劳动教育活动情况,收集整理相关制品、作品等,选择代表性的写实记录,纳入综合素质档案,作为学生学年评优评先的重要参考。

(二)学段综合评价

学段结束时,要依据学段目标和内容,结合综合素质档案分析,兼顾必修课学习和课外劳动实践,对劳动观念、劳动能力、劳动精神、劳动习惯和品质等劳动素养发展状况进行综合评定。建立诚信机制,实行写实记录抽查制度,对弄虚作假者在评优评先方面一票否决,性质严重的应依法依规严肃处理。高等学校可将考核结果作为毕业依据之一,将学段综合评价结果作为学生升学、就业的重要参考。

(三)开展学生劳动素养监测

将学生劳动素养监测纳入基础教育质量监测。定期组织开展关于学生劳动素养状况的调查,注重对学生劳动观念、劳动能力、劳动精神、劳动习惯和品质等的监测,发挥监测结果的示范引导、反馈改进等功能。将监测指标细分为劳动观念、劳动知识与技能、劳动习惯、劳动实践等四个一级指标进行监测,见表8-1。

表8-1　学生劳动素养监测表

序号	一级指标	二级指标	分数
1	劳动观念 (20分)	牢固树立劳动最光荣、劳动最崇高、劳动最伟大、劳动最美丽的观念	10
		尊重普通劳动者,珍惜劳动成果	10
2	劳动知识 与技能 (20分)	正确掌握日常生活劳动、生产劳动和服务性劳动相关知识及技能	10
		在实际劳动中提高动手能力和发现问题、解决问题的能力	10
3	劳动习惯 (20分)	具有自觉、主动劳动的习惯,日常生活自理,主动分担家务	10
		养成热爱劳动、主动服务他人、服务社会的习惯	10
4	劳动实践 (40分)	参与校园卫生保洁和绿化美化,学生寝室内务整理	5
		参与劳动相关的社团、俱乐部活动,进行手工制作、班务整理、寝室装饰、勤工俭学等实践活动	5

续　表

序号	一级指标	二 级 指 标	分数
4	劳动实践 （40分）	参与以劳动教育为主题的班团活动、手工劳技展演,进行家用电器的简单修理,参与种植、养殖等生产活动	5
		参与一定时间的农业生产、工业生产、商业和服务业实习等劳动实践,体验金工、木工、电工、陶艺等蕴含着独特智慧和人类创造力的项目	5
		结合研学旅行、班团活动和社会实践活动,参与学工学农、工艺服务志愿服务及适当的农业生产劳动	5
		主动承担家庭清洁、烹饪、家具美化等日常生活劳动,加强对家政知识和技能的学习与实践,理解劳动创造美好生活的道理	5
		参与孝亲、敬老、爱幼等方面的劳动,体验以自己的劳动服务他人、服务社区的自豪感和幸福感,形成对学校、社区负责的态度	5
		根据个体、家庭、学校、社会的发展需要,制定合理的劳动计划,并对劳动过程和成果进行反思和总结,进一步提高创造性劳动能力、合作能力	5

三、劳动教育质量评价指标体系

学生劳动评价体系中的评价项目主要包括两个纬度与四个经度的评价项目:

（一）两个纬度

1. 劳动过程中学生的情感、态度和价值观的发展状况

（1）良好自觉的劳动态度,协作劳动意识。

（2）劳动过程的时间、次数,劳动过程中意志品质。

2. 劳动过程中学生的技术能力、劳动成果

（1）评价学生参加劳动时的运用劳动技术的能力。

（2）评价学生完成劳动任务的情况——劳动成果评价。

（二）四个经度

1. 自我评价

学生自我评价是学习过程中的一个重要的有机组成部分,要引导学生采用一系列的方式对自己的进步、成果和不足加以记录,通过自我评价帮助学生认识活动目标与自我调控进程,增强学习的信心和责任感。

2. 小组评价

校内劳动、校外实践基地劳动均强调合作,劳动的过程与结果离不开小组集体的力量,因此各评价项目的评价首先由小组根据评价原则进行。

3. 教师评价

在学生劳动过程中,教师的指导都是必要的,教师要根据学生的实际情况,运用发展性评价原则,给予学生评价。教师的评价可以是正式评价,即量化或分等,也可以是非正式评价,如一句激励性话语或一个符号等。

4. 家长和社会人士的评价

学生参加家务劳动、校外劳动时,家长和社会人士的评价可给予活动过程更深入或更客观的指导,评价的目的不是分等而是一种对学生参加后续劳动的指导、激励。

四、学生劳动评价的过程记录及结果运用

1. 学生劳动教育记录表(表 8 - 2)、学生劳动评价表(表 8 - 3、表 8 - 4、表 8 - 5)

2. 学生劳动评价结果记入学生综合素质档案

3. 学生劳动评价结果作为学生评优评先重要参考

表 8 - 2　学生劳动教育记录表

时间:　　年　月　日

学部(院)		班　级	
姓　名		学　号	
劳动内容	文字照片		
教育收获			

表 8 - 3 学生劳动评价表

姓 名				班 级	
劳动时间			地点（单位）		
劳动内容	自 我 评 价			同学互评	
	劳动态度	劳动品质	劳动成果		

劳动收获

教师简评

社会评价	（盖章） 年 月 日	评分 （等第）

注：劳动态度、劳动品质、劳动成果、同学互评的评价内容为好、较好、一般、需努力。

133

表 8-4 学生家务劳动评价表

姓 名			班级	
劳动内容	时间	劳动态度	劳动品质	劳动成果
家长评价				评分 (等第)
	家长签名　年　月　日			

注：劳动态度、劳动品质、劳动成果的评价内容为好、较好、一般、需努力。

表 8-5 学生校内劳动评价表

姓 名				班级	
劳动时间			地点		
劳动内容	自 我 评 价			同学互评	
	劳动态度	劳动品质	劳动成果		

劳动收获

教师简评

注：劳动态度、劳动品质、劳动成果、同学互评的评价内容为好、较好、一般、需努力。

📋 **本章复习思考题**

1. 劳动教育质量评价如何发挥劳动教育的综合育人功能？

2. 结合各专业的劳动教育实践，谈谈如何建立一个全面、客观的劳动教育评价体系？

3. 劳动教育质量评价对于促进大学生就业和职业发展的作用是什么？如何通过评价来提升大学生的就业竞争力？

🔧 **拓 展 阅 读**

到祖国最需要的地方，在实践中实现人生价值
——记宜宾学院优秀毕业生严克美

严克美，宜宾学院 2004 级体育学院毕业生，2006 年 4 月加入中国共产党，现任重庆市巫山县双龙镇副镇长。先后被评为巫山县"攻坚大走访"先进个人、巫山县"十大女杰"、重庆市"五四红旗手"、重庆市"三八红旗手标兵"，2010 年被评为"全国劳模"。2019 年 4 月，荣获第 23 届"中国青年五四奖章"。2019 年 6 月 14日，被列入第九届全国"人民满意的公务员"拟表彰对象公示名单。2019 年 6 月25 日，被《中共中央组织部　中共中央宣传部关于表彰第九届全国"人民满意的公务员"和"人民满意的公务员集体"的决定》表彰为"人民满意的公务员"。2021年 2 月 25 日，党中央、国务院决定，授予严克美"全国脱贫攻坚先进个人"称号。

严克美

到基层去,寻找人生价值的意义

1983 年出生的严克美生长在距离巫山县城 147 公里的边远高寒贫困山村——当阳乡红槽村。2004 年,严克美考入四川宜宾学院,成为该村第一个大学生。大学期间,品学兼优的她积极向党组织靠拢,于 2006 年 4 月成为一名光荣的共产党员。严克美童年的生活条件并不好。母亲是文盲,父亲文化程度也不高。环境的艰苦,生活的艰辛,让她萌生了改变家乡贫穷面貌的愿望。2008 年大学毕业后,已经在上海工作的严克美得知老家红槽村党支部书记空缺的消息后,决心要改变家乡现状,她毅然辞去工作"逆行"回乡,回到偏远的家乡重庆市巫山县当阳乡红槽村,主动请缨担任红槽村党支部书记。回到家乡的 14 年间,她从乡村教师做起,一直做到镇村干部。

担任村支书期间,她坚持群众路线,心系贫困群众,艰难地学会了骑男士摩托车,4 年来走遍了全村的每个角落和每家每户。为改善群众生产生活条件,为争取更多优惠政策,她四处奔走,曾被乡政府的领导称为最不好接待的"上访户"。在 2011 年 4 月她更是给市长写信要资金、要政策。从 2008 年到 2013 年,红槽村完成农村电网改造,全村人都用上了优质电,安装人畜饮水管道 5 万米、建设水池 16 口,整修村级公路 12 公里。为实现农民增收致富,她曾两度推迟婚期,先后远赴西南大学学习养殖技术,并带头养殖山羊,终于让红槽村走上"黄色"烤烟和"绿色"养殖的"双色"经济发展之路,2013 年全村人均纯收入突破 8 000 元。

扎根基层,脱贫攻坚的青年担当

2016 年,习近平总书记号召:全党的未来 5 年的重点任务,是全面脱贫攻坚工作。在解决了路、水、电基本生活条件后,严克美就将精力一心扑在了脱贫攻坚工作中。当时,村民观念落后,一直靠种植祖辈传下来的"三大坨",即洋芋坨、包谷坨、红苕坨为生。喊破嗓子不如做出样子,严克美按照"大户带动、散户跟进"的发展模式,带头流转土地种植烤烟 20 余亩,带动全村发展烤烟 1 200 亩,新增产值近 300 万元。同时,她带头筹建养殖专业合作社,带领全村发展山羊 1 500 多只、生猪 1 000 头,畜牧产值 180 万元。3 年时间,村人均纯收入就从不足 2 900 增长到 7 000 余元。去年,红槽村终于揭掉了贫困的帽子。"红槽村幅员面积 11 平方公里,有 260 多户,890 人。"严克美闭上眼睛都能准确说出红槽村哪家有哪些人,是个什么情况。从 2008 年到 2013 年,在担任红槽村村支书的 5 年时间里,她骑着摩托车走访,共行驶 28 800 公里,这个数字足以绕地球半圈。如今,在她的腿上,还清晰可见当年骑车出车祸时留下的伤疤。

为解决农村人才缺乏问题,她用自身经历现身说法,动员 3 名本土人才回村发展,小学同学胡华回村挂职后成立起种植合作社,带动农户发展紫色马铃薯500余亩,通过"直营店+电商"模式销售,实现产值400万元、利润80万元,带动12户、34人脱贫致富。严克美本人也带领村民抢种脆李630余亩、中药材300余亩,修建人行便道9公里,推动全村42户、159人脱贫"摘帽"。

2022年6月8日下午,正在四川考察的习近平总书记来到宜宾学院,实地考察高校毕业生就业工作。解决好高校毕业生这一重点群体的就业问题,支持帮助青年学子迈好走向社会的第一步,总书记始终挂念心间。习近平对同学们说,幸福生活是靠劳动创造的,大家要保持平实之心,客观看待个人条件和社会需求,从实际出发选择职业和工作岗位,热爱劳动,脚踏实地,在实践中一步步成长起来。他勉励同学们自觉践行社会主义核心价值观,努力做到德智体美劳全面发展。严克美的事迹就是践行总书记号召的最鲜活的案例。

思考题:

1. 根据案例,分析劳动教育成效的隐形指标在严克美身上的体现。

2. 严克美的人物故事对进行劳动教育质量评价有些什么启示?

教学资源服务指南

扫描下方二维码，关注微信公众号"高教社极简通识"，学生可学习名校通识课，教师可学习教师培训课程、免费申请课件和样书、观看直播回放等。

名校通识课

点击导航栏中的"名校通识"，点击子菜单中的"课程专栏"，即可选择相应课程进行学习。

教师培训

点击导航栏中的"教师培训"，点击子菜单中的"培训课程"，即可选择相应课程进行学习。

教学资源服务指南

🎯 课件申请

点击导航栏中的"教学服务",点击子菜单中的"资源下载",注册并填写相关信息即可申请课件。

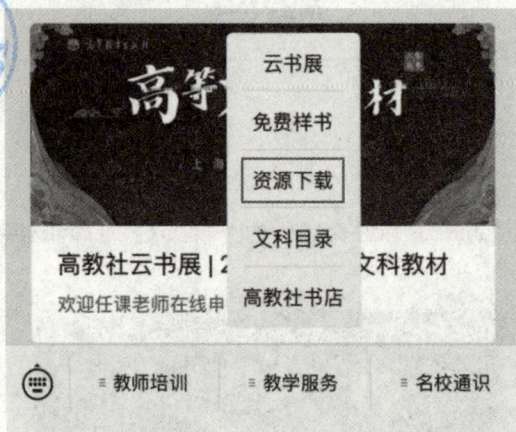

🎯 样书申请

点击导航栏中的"教学服务",点击子菜单中的"免费样书",填写相关信息即可免费申请样书。

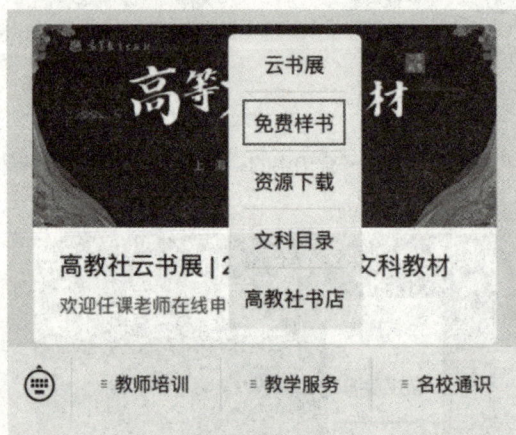